Discours de la méthode

René Descartes

방법서설

1판 1쇄 발행 2018년 3월 9일

지은이 | 르네 데카르트
옮긴이 | 김선영
발행인 | 신현부

발행처 | 부북스
주소 | 04601 서울시 중구 동호로17길 256-15 (신당동)
전화 | 02-2235-6041
팩스 | 02-2253-6042
이메일 | boobooks@naver.com

ISBN 979-11-86998-62-5 (04080)

이 도서의 국립중앙도서관 출판예정도서목록(CIP)은 서지정보유통지원시스템 홈페이지
(http://seoji.nl.go.kr)와 국가자료공동목록시스템(http://www.nl.go.kr/kolisnet)에서 이
용하실 수 있습니다.(CIP제어번호: CIP2018007162)

부클래식

072

———

방법서설

르네 데카르트

김선영 옮김

차례

방법서설 • 7

방법서설

자신의 이성을 잘 이끌고, 학문들[1] 속에서 진리를 찾기 위하여

만일 한 번에 전부 읽기에 이 서설이 너무 긴 것 같으면, 사람들은 이 서설을 여섯 부분으로 나누어도 좋다.[2] 그리고 첫 부분에서 사람들은 학문들에 대한 다양한 고찰들을 발견할 것이다. 두 번째 부분에서는, 저자가 찾았던 방법의 주요한 규칙들을. 3부에서는, 저자가 이 방법에서 끌어낸 몇 가지 도덕 규칙들을. 4부에서는, 저자가 자신의 형이상학의 토대를 이루는 신과 인간 영혼의 존재를 증명하는 근거들을. 5부에서는, 저자가 찾았던 자연학에서 문제들의 순서, 특히 심장의 운동에 대한 그리고 의학에 속하는 몇 가지 다른 난제들에 대한 설명을, 그 후에 우리의 영혼과 짐승들의 영혼 사

---

1 Les sciences를 말한다.

2 알키에(Alquié)는 위의 글이 이탤릭체로 인쇄되어 있고, 3인칭으로 제시되지만 분명 데카르트가 쓴 것이라는 점을 강조한다.(FA., I, p.567.) *Oeuvres philosophiques de Descartes*, textes établis, présentés et annotés, par Ferdinand Alquié, Paris, Classiques Garnier, 1997. (이하 FA)

이에 있는 차이에 대한 설명을. 그리고 마지막 부분에서는, 저자가 했던 자연에 대한 탐구에서 더 나아가기 위해 필요 하다고 믿고 있는 것이 어떤 것들인지, 그리고 어떤 이유에 서 이 서설을 쓰게 되었는지를 *[사람들은 발견할 것이다]*.

1부

상식[3]은 세상에서 가장 잘 분배된 것이다. 왜냐하면 각자는 **2**
상식을 아주 잘 갖추고 있다고 생각해서, [그 밖의] 다른 모든
것에서 만족해하기 가장 어려운 이들조차도, 그들이 지닌 상
식보다 더 많이 지니기를 전혀 원하지 않곤 하기 때문이다.
이 점에서 모든 이들이 잘못 생각했던 것 같지는 않다. 이 점
은 사람들이 상식 또는 이성이라고 부르는 문자 그대로 잘
판단하는 그리고 거짓된 것에서 진실된 것을 가려내는 역량
이 모든 인간 안에 자연적으로 동등하게 있다는 것을 오히려
증명한다.[4] 그리고 또, 우리 견해들의 다양성은 어떤 이들이

---

3 Le bon sens의 번역이다. 대부분의 기존 번역서에서는 le bon sens을 양
식으로 번역한다. 하지만 역자는 데카르트가 le bons sens를 통해 모든 인
간이 지니는 능력을 강조하므로 상식으로 번역한다. 이 상식은《규칙들》
의 첫 번째에서 제시되는 보편적인 지혜(sagesse universelle)에 해당한다.
상식을 잘 판단하는 역량(능력) 혹은 이성으로 간주하는 것은 스토아학
파에서 기원한다. Cicéron, *Tusculanes*, V, 67, Sénèque, *De viata beata*, 2 참조,

4 여기서 우리는 데카르트가 이성을 상식과 동등한 선상에 놓고 있다는 점
을 기억할 필요가 있다. 알키에가 분명하게 말하고 있듯이 "이성, 상식, 잘(올
바르게) 판단하고 거짓(인 것)에서 진실(인 것)을 가려내는 역량(능력)은 여
기서 동의어이다."

다른 이들보다 더 이성적이라는 데서가 아니라, 우리가 생각들을 다양한 경로로 이끌고, 동일한 것들을 고려하지 않는 데서 유일하게 기인한다.[5] 왜냐하면 훌륭한 정신을 지니는 것으로는 충분한 것이 아니고, 제일 중요한 점은 정신을 잘 적용하는 것이기 때문이다.[6] 가장 원대한 영혼들은 가장 커다란 덕행들과 마찬가지로 가장 커다란 악덕들을 행할 수 있다. 그리고 만일 항상 정도를 따라간다면, 단지 아주 천천히 걷는 이들이, 달음질을 치고, 정도에서 벗어난 이들보다 훨씬 많이 앞서 나갈 수 있다.

나에 대해 말하자면,[7] 내 정신이 대다수 사람의 정신보다 조금도 더 완벽하다고 결코 간주한 적이 없었다. 심지어 다른 사람 정도의 재빠른 생각, 또는 선명하고 구별된 상상력, 또는 풍부하거나 생생한 기억력을 갖기를 나는 종종 바랐다. 그리고 나는 위의 성질들 외에 정신의 완벽함에 쓸모 있는 [다른] 성질들을 전혀 알지 못한다. 왜냐하면 이성 또는 상

5　근대철학자들에게 이성이 다양하게 정의되는 것과 데카르트의 생각을 비교할 수 있다. 예를 들면 홉스나 로크는 이성을 계산하는 능력으로 보며, 라이프니츠는 진리의 연쇄로 간주한다.

6　여기서 우리는 데카르트가 실천을 중요시한다는 점을 엿볼 수 있다.

7　《방법서설》은 일인칭 시점의 서술로 전개된다. 사실 이 저서는 '나'를 주어로 사용하는 거의 최초의 철학 저술로 간주되기도 한다. 따라서 역자는 우리말의 어법에 어색한 면이 없지 않을지라도 데카르트가 사용한 주어 '나'를 가능한 한 생략하지 않기로 한다. 데카르트의 생생한 '목소리'를 듣기 위해서다.

식에 대해 말하자면, 그것이 우리를 인간으로 만들고 우리를
짐승들과 구별 짓는 유일한 것인 만큼, 나는 그것이 각자 안
에 온전히 있다고 믿고 싶고, 이 점에서 철학자들의 공통적 **3**
인 견해를 따르고 싶기 때문이다. 철학자들은 동일한 종이
지닌 *개체들*의 *우연적 성질*들 사이에는 단지 많고 적음의 차
이만 있고, *형상들* 또는 본성들 사이에는 아무런 차이가 없다
고 말한다.[8]

그러나 나에겐 많은 행운이 따라와, 젊은 시절부터 어떤
길들을 우연히 발견했다고 생각한 것을 말하는 데 나는 겁내
지 않을 것이다. 그 길들은 고찰들과 준칙들로 나를 이끌었
으며, 그것들을 통해 나는 한 방법을 만들어 냈다. 이 방법으
로 나는 지식을 서서히 증가시킬 수 있었고, 내 정신의 평범
함과 내 삶의 짧은 기간이 정신에 도달하도록 허락할 수 있
는, 가장 높은 수준까지 조금씩 높이는 수단을 지니게 된 듯
싶다. 왜냐하면 나는 그 방법으로 이미 그런 성과들을 거뒀
기 때문이다. 나 자신에 대한 판단들임에도, 나는 자만 쪽보
다는 오히려 불신 쪽으로 기울어지도록 항상 노력한다. 그리
고 철학자의 눈으로 모든 인간들의 다양한 행위들과 시도들
을 관찰할 때, 거기에는 내게 헛되고 무용한 듯싶은 것은 거

---

8   데카르트가 이탤릭체로 강조한 부분들이다. 데카르트는 포르피리우스
(Porphyre)의 이론을 따른다. 동일한 종의 개체들의 형상들 사이에는 차이가
없다는 입장이다.

의 아무것도 없었다. 그런데도 내가 진리 탐구에서 이미 이루었다고 생각하는 진전에 대한 극단적인 만족감을 받아들이지 않고서는 그리고, 미래를 위해서 그런 희망들을 품지 않고서는 나는 못 배기겠다. 그래서 만일 인간들의 활동들 가운데 순전히 인간적인, 확실하게 좋고 중요한 어떤 것이 있다면, 내가 선택했던 바로 그것이라고 외람되지만 나는 감히 믿는다.

그렇지만 내가 잘못 생각하고 있을지도, 그리고 아마 내가 금이나 다이아몬드라고 간주하는 것이 어쩌면 단지 약간의 구리와 유리일지도 모른다. 나는 우리가 우리 자신과 관련하여 얼마나 잘못 생각하는 주체인지, 또한 친구들이 우리의 호의를 얻고 있을 때, 우리 친구들의 판단들 역시 얼마나 많이 의심되어야만 하는지를 알고 있다. 그러나 이 서설에서 **4** 내가 어떤 길들을 따랐는지를 보여주고, 각자가 그것에 대해 판단할 수 있도록 하기 위해, 한 폭의 그림처럼 나의 삶을 표현하게 되어, 나는 대단히 기쁠 것이다. 그리고 (대다수) 풍문으로부터 서설에 대해 사람들이 갖는 견해들을 알게 되면, 그것은 내가 사용하는 데 익숙한 것들에 나를 가르치는[9] 새로운 수단을 덧붙이는 것일 거다.

따라서 나의 계획은 각자 자신의 이성을 잘 이끌기 위하

---

9 데카르트에게서 교육의 의미를 생각해 볼 수 있는 문장이다. 자신이 스스로 교육한다는 의미가 강하다. 즉 자기 주도에의한 교육을 말한다.

여 따라야 할 방법을 여기서 가르치려는 것이 아니라, 단지 내가 나의 이성을 이끌려고 노력한 것이 어떤 종류였는지를 보여주려는 데 있다. 남에게 가르침을 줄 생각을 하는 이들은 그들이 가르침을 주려고 하는 이들보다 자신을 더 능숙하다고 평가할 의무가 있다. 그리고 만일 그들이 최소한의 것에서라도 실수한다면, 그들은 그 점에서 비난받을 만하다. 그러나 이 글을 한 편의 이야기로, 또는 당신들이 더 선호한다면, 단지 우화 같은 것으로만 제시하기 때문에, 이 안에서 사람들은 모방할 수 있는 몇몇 예들 가운데 따르지 않아야 할 이유를 갖게 하는 여러 가지 다른 예들도 아마 발견할 것이다. 나는 이 글이 몇몇 사람들에게 유용하여, 아무에게도 해를 끼치지 않기를, 그래서 모두가 나의 솔직함에 대해 감사하기를 기대한다.

　나는 어린 시절부터 문학들[10]을 바탕으로 성장하였다. 그리고 사람들이 그 방식을 통해 삶에 유용한 모든 것에 대해 뚜렷하고 보장된 지식을 획득할 수 있다고 나를 설득하였기 때문에, 나는 문학들을 배우려는 극도의 욕망을 지녔었다. 그러나 나는 모든 수업 과정을 마치자마자, 보통 사람들이 학자의 지위로 받아들이는 관습이 있는 그 끝에서, 나는 견해를 완전히 바꿨다. 왜냐하면, 나 스스로 배우려고 노력하면서,

---

10　Lettres의 번역이다. 이것은 좀 더 구체적으로 책을 통해 우리가 배우는 지식을 의미한다.

점점 더 나의 무지를 발견하는 것을 제외하고 다른 이점은 없는 듯싶었을 정도로, 의심과 오류들이 너무 많아서 당황한 **5** 나 자신을 발견하였기 때문이다. 그러나 나는 유럽의 가장 유명한 학교 가운데 한 학교에 있었는데, 그곳은 만일 학자들이 지구상의 어떤 장소에 있어야 한다면 거기가 그곳이어야 한다고 내가 생각했던 곳이다. 나는 다른 사람들이 그곳에서 배우는 모든 것들을 거기서 배웠다. 게다가 그 학교에서 우리에게 가르쳤던 학문들에 만족하지 못해서, 사람들이 가장 알고 싶어 하고,[11] 흔치 않은 것으로 평가하는 학문들을 다룬 책들을, 나는 내 손에 닿는 대로 편력하기도 했다. 어쨌든 나는 나에 대한 다른 사람들의 판단을 알고 있었다. 그리고 나는 사람들이 나를 내 동료들보다 열등하다고 평하는 것을 전혀 목격하지 못했다. 심지어 동료들 가운데 몇몇이 이미 우리 스승들의 자리를 차지하도록 결정되어 있었음에도 말이다. 그리고 마지막으로 내게 우리 세기는, 그 이전의 어떤 시대 못지않을 정도로, 훌륭한 정신들 속에서 풍요롭고 만개한 듯싶었다. 이것이 다른 모든 것들을 나 스스로 판단하는 그리고 이전에 사람들이 나에게 희망을 품게 한 그런 어떤 학설도 이 세상에는 없다고 생각하는 자유를 내게 갖게 했다.

---

11 가장 사람들이 알고 싶어 하는, 즉 호기심을 갖는 학문들이라는 것은 Furetière의 사전(1690)에 의하면 소수 사람들에게 알려진 것으로 예를 들면, 화학, 광학의 일부를 말한다. (FA, I, pp. 571-572 주 참조.)

그렇기는 하지만, 나는 사람들이 학교에서 열심히 하는 훈련과정들을 높이 평가하지 않고는 못 배기겠다. 나는 학교에서 배우는 언어들이 고전들을 이해하는 데 필요하다는 사실을 알고 있었다. 그리고 우화들에서의 친절한 행동은 정신을 일깨우고, 역사책들 속에서의 기억할만한 행위들은 정신을 드높이고, 신중하게 읽으면 그것들은 판단력을 형성하는 데 도움을 준다. 그리고 모든 양서의 독서는, 그 책의 저자들이었던 지난 세기의 가장 교양 있는[12] 사람들과의 대화와 같다. 심지어 빈틈없는 대화이기도 한데, 그 속에서 저자들은 자신들 생각 중에서 가장 최고의 것들만 우리에게 드러낸다. 그리고 웅변술은 비교할 수 없는 힘과 아름다움을 지니 **6**
며, 시는 아주 황홀하게 하는 섬세함과 부드러움을 지닌다. 수학은 아주 섬세한 방책들을 지니는데, 이것들은 모든 기술을 용이하게 하고 사람들의 수고를 줄일 정도로 호기심 많은 사람들을 충족시키는 데 쓸모 있을 수 있다. 그리고 관습들[13]을 다루는 글들은 덕에 대해 아주 유용한 여러 가르침과 여러 권고를 포함한다. 그리고 신학은 천국에 다다르는 것을 가르친다. 그리고 철학은 모든 것들에 대해 진실임 직하게

---

12 여기서 honnêtes는 정직한 것과는 의미가 다르다. 17세기에 이 단어는 '교양이 있는'이라는 뜻을 지닌다.

13 Des moeurs는 도덕이라는 번역이 가능하지만, 데카르트가 3부에서 la morale(도덕)이라는 단어를 사용하므로 역자는 '관습들'이라고 번역한다.

말하고 덜 학식 있는 사람들로부터 칭송받게 하는 수단을 제공한다.[14] 그리고 법률학, 의학 그리고 다른 학문들[15]은 그것들을 발전시키는 이들에게 명예와 부를 가져다준다. 그리고 마지막으로, 다른 학문들 심지어 가장 미신적이고 가장 거짓인 것들도 모두 검토하는 것이 좋은데, 이는 그것들의 정확한 가치를 인식하고 그것들에 대해 잘못 생각하지 않도록 조심하기 위한 것이다.

그러나 나는 이미 언어와 심지어 고대의 책들, 그들의 역사들과 그들의 우화들의 독서에도 역시 충분한 시간을 할애했다고 믿었다.[16] 왜냐하면, 지난 세기의 사람들과 대화한다는 것은 여행하는 것과 거의 같기 때문이다. 다양한 민족들의 관습들에 대해 어떤 것을 아는 것은 우리의 관습들을 더 건전하게 판단하기 위해 좋다. 그래서 결코 [이 세계를] 본 적이 없는 이들이 습관적으로 하듯이, 우리의 풍조(風潮)들에 반하는 모든 것이 우스운 것이라고 그리고 이성에 반하는 것으로 생각하지 않는 편이 좋다. 그러나 사람들이 여행에 시간을 너무 많이 사용할 때, 그 자신의 나라에서는 결국 이방

---

14 데카르트가 자신의 철학을 세우게 되는 이유를 알 수 있는 대목이다.

15 신비학, 신비술을 말한다.

16 croire는 보다 일반적으로 알다, 생각한다 등으로 번역할 수 있지만, 역자는 생각하다 penser와 savoir 알다, 그리고 인식하다 connaitre 등의 단어와 구별하기 위해서 '믿는다, 믿고 있다'로 번역한다.

인이 된다. 그리고 사람들은 지나간 세기에 실행되었던 것에 너무 많은 호기심을 갖게 되면, 통상적으로 여기에서 실행되는 것들에 대해 아주 무지한 상태로 남게 된다.[17] 게다가 **7** 우화는 전혀 가능하지 않은 여러 사건을 마치 가능한 것처럼 상상하게 만든다. 그리고 심지어 가장 믿을 만한 역사조차도, 가장 읽을 만하게 만들기 위해, 사물들의 가치를 변하게도 증가시키지도 않는다면, 적어도 가장 기본적이고 덜 유명한 상황들은 이야기에서 생략한다. 그 결과 나머지 상황들은 있는 그대로 나타나지 않게 된다는 것이다. 그래서 거기에서 끌어낸 예들을 가지고 자신들의 품행들을 정하는 이들은 소설 속 기사들의 괴상한 언동에 빠지고, 자신들의 힘들을 넘어서는 계획들을 품는 주체가 된다.

나는 웅변술을 높이 평가하고 시를 사랑했다. 그러나 나는 이 둘은 학습의 성과들이라기보다는 오히려 정신의 타고난 재능이라고 생각했다. 자신들의 생각들을 분명히 하고 이해하기 쉽도록 하기 위하여, 가장 잘 추론하고 가장 잘 순서 지우는 이들은, 자신들이 제안하는 것들을 항상 가장 잘 설득할 수 있다. 비록 그들이 저속한 브르타뉴 지방어만을 말할 뿐이고, 수사학을 결코 배운 적이 없을지라도 말이다. 그리고 가장 유쾌한 방책들을 갖고 있으며, 그것들을 가장 잘

---

17 데카르트는 '여기서 지금(ici et maintenant)'를 강조하는 것이다.

윤색하고 부드럽게 표현할 줄 아는 이들이 시에 관한 기교를
알지 못할지라도, 그래도 최고의 시인일 것이다.

나는 특히 수학들[18]을 좋아했는데 그것들의 논거들의 확
실성과 명증성 때문이었다. 그러나 나는 수학들의 진정한 용
도를 아직 주시하지 못하고, 수학들이 단지 기계장치 기술에
만 쓸모 있다고 생각하여서, 수학들의 토대가 아주 확고하고
아주 단단한데도 사람들이 그 위에 더 높이 아무것도 세우지
않은 것에 놀랐었다. 마찬가지인데, 그 반대로 나는 고대 이
교도들의 관습에 관한 글들을 단지 모래와 진흙 위에 세워진
아주 웅장하고 아주 화려한 궁전들과 비교했었다. 고대 이교
도들은 덕들을 매우 드높이고, 그것들을 세상에 있는 모든
것들 위로 평가할 수 있는 듯이 보이게 한다. 그러나 그들은
덕을 인식하게끔 충분히 가르치지 않는다, 그리고 종종 그들
이 아주 아름다운 이름으로 부르는 것도 단지 냉담, 또는 교
만, 또는 절망 또는 반역죄(존속살해)일 뿐이다.[19]

나는 우리의 신학을 숭배했고, 다른 사람과 마찬가지로,
천국에 다다르기를 열망했다. 그러나 그 길이 가장 박식한

8

---

18   여기서 데카르트는 수학을 복수로 사용하고 있다.

19   알키에에 따르면 당시 도덕 교육은 고대 사람들이 찬양하던 또는 논쟁
하던 예들에서 끌어낸 예시들로 이루어져서, 엄격한 증명이 없고, 원리들에
서 출발하여 실행된 연역이 없었다. 알키에는 이런 맥락에서 데카르트가 오
만, 냉담, 절망, 반역죄(존속살해)를 언급한 것으로 본다. (FA., I, p. 575. 주.1)

이들 못지않게 가장 무지한 이들에게도 열려 있다는 것을, 그리고 그곳으로 이끄는 계시 진리들이 우리의 지성 위에 있다는 것을, 매우 확실한 것으로서 터득했기에, 나는 그것들을 감히 나의 추론들의 빈약에 복종시키지 못했다. 그리고 계시 진리들을 검토하기를 감행하고 거기서 성공하기 위해서는, 하늘의 어떤 놀라운 도움과 인간 그 이상이 되는 것이 필요하다고 나는 생각했다.

나는 철학에 대해서 다음을 제외하고 전혀 말하지 않을 것이다. 철학은 수 세기 전부터 영위한 가장 훌륭한 정신들에 의해 일궈져 왔는데도, 사람들이 논쟁하지 않은 것, 따라서 결과적으로 의심스럽지 않은 어떤 것도 철학에서 아직 발견되지 않았다는 것을 감지하면서, 내겐 철학에서 다른 사람들보다 더 성공하기를 희망할 자만심이 전혀 없었다. 그래서 진실은 동일한 소재에 대해 단 하나 이상 결코 있을 수 없음에도, 박사들에 의해 옹호된 다양한 견해들이 철학에서 얼마나 있을 수 있는지를 고찰하면서, 나는 단지 진실임 직하게만 보이는 모든 것을 거의 거짓으로 여겼다.

그다음에, 다른 학문들(법률학과 의학)에 대해 말하자면, 그 학문들이 철학에서 원리들을 빌려오므로, 사람들이 그리 단단하지 않은 토대 위에 견고한 것은 아무것도 세울 수 없다고 나는 판단했다. 그리고 그 학문들이 약속하는 명예도 부도, 그것들을 배우도록 내게 권유하는 데 충분하지 않았다.

왜냐하면, 나는 하느님 덕분에, 재산의 안도를 위해 학문을 직업으로 삼도록 강요하는 상황을 전혀 느끼지 않았기 때문이다. 내가 견유학파처럼 영광을 경멸한다고 공언하지는 않지만, 그런데도 나는 거짓 명목으로만 획득하기를 기대할 수 있는 영광을 아주 대수롭지 않게 여겼다. 그리고 끝으로, 그릇된 학설들에 대해 말하자면, 나는 이미 그것들의 가치를 충분히 알고 있다고 생각했다. 연금술사의 약속에 의해서도, 점성술사의 예언에 의해서도, 마술사의 사기에 의해서도, 자신들이 아는 것보다 더 안다고 공언하는 이들의 책략들이나 허풍에 의해서도, 더는 실수하는 주체가 되지 않기 위해서 말이다.

바로 그것 때문에, 나이가 들어 나의 스승들의 예속에서 벗어나는 것이 허락되자마자, 나는 문학들에 대한 공부를 완전히 그만두었다. 그리고 내 자신 속 또는 이 세상이라는 거대한 책 속에서 발견할 수 있는 학문만을 찾으려고 결심하고서, 나는 여행하며, 궁정과 군대를 방문하며, 다양한 기질과 조건들의 사람들과 교제하며, 다양한 경험들을 쌓으며, 행운이 제공한 만남들에서 나 자신을 시험하며, 그리고 어디서든지 내가 어떤 이득을 얻을 수 있을 것으로 보이는 것들을 그같이 반성하며, 나는 내 젊음의 나머지를 사용했다. 왜냐하면 각자가 자신에게 중요한 일들에 대해서, 그리고 만일 잘못 판단하면, 그 후에 즉시 벌을 주는 사건의 추론들에서 [다

10

음의 경우보다] 나는 진리를 더 많이 만날 수 있는 듯싶었기 때문이다. [즉] 한 문인이 자신의 서재에서 다른 어떤 결과도 생산하지 못하는, 그리고 [다음을] 제외하고는 다른 결론이 없는 사변들에 대해서 하는 추론들 속에서보다 말이다.[20] 아마 문인은 추론들을 좀 더 그럴듯하게 하려고 애쓰는 데 더욱더 많은 정신과 기교를 사용하기 때문에, 사변들이 상식에서 더 먼 만큼 더욱더 많은 자만심을 끌어낼 것이다. 그리고 내 행위들[상태]을 똑똑히 보고, 이 삶에서 확신을 갖고 나가기 위해서, 나는 거짓된 것에서 진실된 것을 가려내는 것을 배우려는 극도의 욕망이 항상 있었다.[21]

내가 다른 사람들의 관습들만을 단지 고려하는 한, 나는 거기에서 나를 확신시켜주는 것을 전혀 발견하지 못해서, 그것들에서 내가 예전에 철학자들의 견해들 사이에서 발견했던 만큼 거의 같은 정도의 다양성에 주목했었다는 것은 사실이다. 그래서 내가 그것들에서 끌어낸 가장 큰 이득은, [다음을 배웠다는 데 있었다. 즉] 비록 그것들이 우리에게 도를 벗어

---

20 데카르트가 사변철학을 비판하는 것과 동일한 맥락에서 이해할 수 있는 부분이다. 데카르트는 사변철학에 반대하며 실제, 실천철학(la pratique)을 강조한다.

21 데카르트에게 거짓된 것에서 진실된 것을 가려내는 능력이 이성, 상식이라고 간주되는 것을 기억할 필요가 있다. 여기서 자신의 이성을 잘 사용하는 것을 배우려 했던 데카르트의 의도가 나타난다. 이것은 데카르트를 이성주의자라고 한정하는 것을 재검토하게 한다.

나고 터무니없는 듯싶을지라도, 다른 위대한 민족들에 의해서 공통적으로 받아들여지며, 승인되지 않고는 못 배기는 여러 가지 것들을 감지하며, 나는 예시와 관습에 의해서 설득된 것을 너무 굳게 믿어서는 안 된다는 점을 배웠다. 그처럼 나는 우리의 자연의 빛을 어둡게 하고, 우리로 하여금 이성을 덜 경청하게 만들 수 있는 많은 오류에서 점점 해방되었다. 그러나 나는 몇 년을 그렇게 세상이라는 책 속에서 공부하고, 약간의 경험을 쌓느라 노력한 후에, 나는 어느 날 나 자신 속[22]도 공부하기로 그리고 내가 따라야만 할 길들을 선택

11 하는 데 내 정신의 모든 힘을 사용하고자 결심했다. 이것이 내가 나의 고국에서 또는 나의 책들에서 결코 멀어지지 않았을 때보다 훨씬 더 나에게 좋은 결과를 가져다준 듯싶다.

---

22 알키에에 의하면 '자신 속을 공부한다'는 것은 심리학적으로 또는 내적 성찰로 자신에 대해 공부한다는 것을 의미하는 것이 아니라 성찰(méditations)과 반성(réflexion)을 의미한다. (FA., I, p. 578. 주2.)

2부

나는 그 당시 독일에 있었는데 그곳의 아직 끝나지 않은 전쟁[23] 상황이 나를 그곳으로 소집했었다. 그리고 내가 황제 대관식[24]에서 군대로 복귀할 무렵, 겨울의 시작은 나를 어느 한 지역에 머무르게 했다. 그곳에서 나를 산란하게 하는 어떤 대화도 발견하지 않고, 더구나 다행히 나를 방해하는 어떤 염려나 정념들[25]도 없으므로, 나는 온종일 혼자 난로 방[26]에 머무르며, 그곳에서 나는 내 생각들에 관해 나 자신과 이야기하는 완전히 한가한 때를 가졌다. 생각들 가운데 내가 고찰하려고 생각해낸 최초의 것들 가운데 하나는 이런 것이었다. 여러 부분으로 구성되고 다양한 거장들의 손에 의해 만들어진 작품들에는 한 사람이 작업한 작품들에서만큼 완벽함이 흔히 없다는 것이다. 따라서 단 한 사람의 건축가가 착수하여 완성한 건물들은, 다른 목적들로 세워진 오래된 벽들

---

23 30년 전쟁을 말한다. 이 전쟁은 1648년에 끝이 난다.

24 1619년에 있었던 페르디낭Ferdinand 황제의 대관식을 말한다.

25 Passions을 말하는데 데카르트의 마지막 저서가 바로 《정념론》이다.

26 난로로 따뜻해진 방을 말한다.

을 쓸모 있게 하면서 여러 사람들이 수리하려고 노력한 건물들보다 더 아름답고 더 잘 정돈되기 마련임을 사람들은 목격한다. 따라서 처음에 단지 작은 성곽 마을이었을 뿐인데 시간이 흘러 커다란 도시가 된 그 고대 도시들은, 한 사람의 기술자가 자신의 상상력대로 평야에 펼친 질서정연한 도시들에 비해서, 통상적으로 균형이 잘 잡혀 있지 않다. 비록, 그들의 건조물들을 제각각 고려하면, 사람들은 거기에서 다른 도시들의 건조물들과 동등하거나 더 많은 기술을 종종 발견할지라도 말이다. 그렇지만 건조물들이 어떻게 정돈되었는지를 보자면, 여기에는 커다란 것, 저기엔 작은 것이 있다. 그리고 건물들이 어떻게 굽어 있고 불규칙한 거리를 만드는지 보자면, 이성을 사용하는 몇몇 사람들의 의지라기보다는 운이 건조물들을 그렇게 배치했다고 사람들은 말할 것이다. 그리고 만일 건물들을 국가의 장식에 쓸모 있게 만들기 위해, 사적인 건물들에 주의하는 임무를 맡은 몇몇 관리들이 어느 시대나 있었음을 사람들이 고려하면, 사람들은 타인의 작품들에 단지 손질만 하여 아주 완벽한 것으로 만드는 것이 힘들다는 것을 잘 인식할 것이다. 따라서 옛날에 반(半) 야만이었고, 점차 문명화된 민족들은, 범죄들과 논쟁들의 불편이 강제함에 따라 자신들의 법률들을 단지 만들었으며, 처음에 모이기 시작했을 때부터 몇몇 신중한 입법자의 기본법들을 준수했던 민족들보다 더 잘 통치되지 않을 것이라는 데 나는

12

생각이 미쳤다. 신이 단독으로 칙령들을 만든 진정한 종교 정체는 다른 모든 것들보다 비교할 수 없을 만큼 더 잘 질서 지어졌을 것이 아주 확실한 것과 마찬가지다. 그리고 인간적인 것들에 대해서 말하자면, 만일 스파르타가 예전에 번영했다면, 이것은 특별히 법률들 각각의 올바름 때문이 아니라, 몇몇 법률은 아주 이상하고 심지어 좋은 관습에 반대되는 것을 비추어 보아, 단 한 사람[27]에 의해 만들어져서 법률들 모두가 동일한 목적을 향했기 때문이라고 나는 믿는다. 따라서 책에서 오는 학문들, 적어도 근거들이 개연적일 뿐이고 증명들이라고는 전무한 학문들은, 여러 다양한 사람들의 견해들에 의해 조금씩 구성되고 확대되었으므로, 상식적인 한 인간 **13** 이 현전하는 사물들에 대하여 자연스럽게 할 수 있는 단순한 추론들보다 진리에 결코 더 가깝지 않다고 나는 생각했다. 따라서, 우리는 모두 어른이 되기 전에 어린아이였고, 오랫동안 욕구들과 스승들에 의해 지배돼야만 하는데, 이것들은 흔히 서로서로 대립하여, 아마 어느 한편도 우리에게 최고의 것을 항상 충고하지 않기 때문에, 만일 우리가 탄생의 순간부터 우리 이성을 온전히 사용할 수 있었다면, 그리고 우리가 이성에 의해서 오로지 이끌려졌을 뿐이라면, 우리의 판단들은 했을 판단들보다 아주 순수하기도 아주 단호하기도 거

---

27 스파르타의 법률을 제정한 사람으로 알려진 리쿠르고스(Lycurgue)를 말한다.

의 불가능하다고 역시 나는 생각했다.

집들을 다른 양식으로 개조해서, 거리를 훨씬 더 아름답게 만들려는 오직 단 하나의 계획을 위해, 사람들이 한 도시의 모든 집을 허물어 버리는 것을 우리가 전혀 목격하지 못하는 것은 사실이다. 그러나 여러 사람들이 집들을 새로 짓기 위해 자신들의 집들을 무너뜨리고, 심지어 어떤 집들은 그 자체가 무너질 위험이 있고 토대들이 아주 단단하지 않을 때, 그렇게 하도록 강제당하는 것을 분명히 목격한다. 그러한 예로 미루어보아, 한 개인이 국가를 다시 세우기 위해 토대부터 모든 것을 바꾸면서, 그리고 뒤집어엎으면서, 국가를 개혁하려고 계획한다는 것은 정말로 전혀 합리적이지 않다는 것을 나는 확신했다. 또한 학문들의 주요부를 개혁하거나 학교에서 학문들을 교육하기 위해서 질서를 세우는 일도 마찬가지라고 확신했다. 그러나 지금까지 믿을 만한 것으로 내가 받아들였던 견해들에 대해, 나는 그것들을 이후에 더 훌륭한 것들로, 혹은 내가 견해들을 이성의 기준에 맞추었을 때 바로 그 동일한 것들로, 다시 돌려놓기 위해, 결정적으로 그것들을 믿음에서 제거하도록 시도하는 것보다 더 잘할 수 없다는 것을 확신했다. 그리고 나의 견해들을 낡은 토대 위에 단지 세우는 것보다 그리고 그 원리들이 진리인지 전혀 검토하지 않고 내 젊은 시절에 받아들였던 원리들에 단지 근거하는 것보다, 이런 방식으로 나의 삶을 이끄는 데 훨씬 더 성공하리라는 것을 나는 확고하게 믿었다. 왜냐하면, 내가 이 방식에서 다양한 난제들을 주목할지라도, 어쨌든 그것들은 해결책이 전혀 없는 것도 아니고, 공적인 일과 관계있는 사소한 일들의 개혁에서 발견되는 난제들과 비교할 수도 없기 때문이었다. 그 큰 기관들은 [한 번] 무너지면 다시 세우기도, 혹은 뒤흔들리면 심지어 고정하기도 너무 어렵고, 그것들의 몰락은 아주 혹독할 뿐이다. 그 후에, 큰 기관들의 불완전성에 대해 말하자면, 만일 그것들이 불완전성을 지닌다면 그것들 사이에 있는 단 하나의 다양성은 불완전성을 지니고 있다는 것을 확신하는 데 충분한 것처럼, (기관들의) 기능은 의심의 여지없이 불완전성을 상당히 완화한다. 그리고 심지어 기능은 모르는 사이에 불완전성의 상당량을 모면하거나 수정하기조차 하는데, 이런 것들에 대해서 우리가 신중을 기한다고 해서 아주 잘 대비할 수는 없었을 것이다. 그리고 마지막으로, 불완전성들은 기관들의 변화가 없을 것보다 거의 항상 더 용납할만하다. 산들 사이를 선회하는 커다란 길은 왕래 덕분에 점차 합쳐지고 아주 편리해지는데, 그 길들을 따라가는 것이, 바위 위를 기어오고 벼랑의 밑까지 내려가서 곧장 가기를 시도하는 것보다 훨씬 좋다는 것과 동일한 식이다.

내가 되는대로 행동하는 기질들과 불안증을 가진 이들을 조금도 인정할 수 없는 것은 바로 그것 때문이다. 이들은

출생에 의해서도, 운에 의해서도 공무(公務)의 관리에 부름

을 받지 않았으면서도, 어떤 새로운 개혁을 항상 관념 속에

15 서 하지 않고는 못 배긴다. 그리고 만일 이 글에서 사람들이

나에게 그러한 광기를 의심할 만한 최소한의 것이라도 있다

고 내가 생각했다면, 이 글이 출판되는 것을 나는 견디기 매

우 유감스럽게 생각했을 것이다. 나의 계획은 나 자신의 고

유한 생각들을 바로잡고, 완전히 나에게 속한 토대 위에 [그것

들을] 세우려고 노력하는 이상으로 더 나아가는 것은 결코 아

니었다. 만약 나의 저작이 그 점에 관하여 나에게 충분히 만

족스러워서, 내가 당신에게 그것에 대해서 본보기를 여기서

보여준다면, 이것은 그것을 모방하라고 내가 누구에게도 충

고하기를 바라는 뜻에서가 아니다. 신의 은총을 더 많이 공

유한 이들은 아마도 더 높은 계획들을 지닐 것이다. 그러나

이 계획도 여러 사람에게 너무 무모할까 봐 나는 심히 염려

스럽다. 사람들이 이전에 자신의 신뢰 속에 받아들였던 모든

견해를 버리는[28] 유일한 결심만이 오로지 각자가 따라야 할

예시는 아니다. 그리고 세상은 두 종류의 정신들로만 대체로

구성되어 있는데, 세상은 두 정신들에 조금도 어울리지 않는

다. 즉, 자신들이 실제보다 더 유능하다고 믿고서, 서둘러 판

단하는 것을 막지 못하고, 자신들의 모든 생각을 순서에 따

---

28 데카르트가 사용하는 단어는 se defaire이다. 일차적으로 '해체되다'는
의미다.

라 이끄는 데 충분한 인내심을 갖지 못한 이들이다. 그 결과 그들은 자신들이 받아들였던 원리들을 의심하고, 통상적인 길에서 벗어나는 자유를 한 번이라도 취한다면, 그들은 좀 더 곧게 가기 위해서는 취해야만 하는 좁은 길을 결코 유지할 수 없을 것이고, 한평생 길을 잃고 방황하게 될 것이다. 그 다음으로, 그들이 가르침을 줄 수 있는 다른 이들보다 덜 거짓된 것에서 진실된 것을 가려낼 수 있다고 판단하는 이성이나 겸손을 충분히 지니고 있는 자들이 있는데, 그런 사람들은 자신들 속에서 최고를 찾기보다는 다른 이들의 견해들을 따르는 데 오히려 만족해야만 하는 이들이다.

그리고 나로 말하자면, 만일 내가 단 한 사람의 스승을 가 **16** 졌거나, 가장 훌륭한 학자들의 견해들 사이에 예로부터 언제나 있던 차이들을 전혀 알지 못했다면, 나는 의심할 여지없이 후자의 일원이었을 것이다. 그러나 학창시절부터 철학자들 가운데 누군가에 의해 말해지지 않을 정도로 아주 이상하고 아주 믿기 힘든 것은 전혀 상상할 수 없을 것이라고 배웠으므로, 그리고 그 후에 여행하면서 우리의 것들과 아주 반대되는 감각들을 지닌 이들이 모두 그러한 이유에서 야만인도 원시인도 아니었고, 그들 중 상당수는 우리만큼 혹은 우리보다 더 이성을 사용한다는 것을 인식했으므로, 그리고 동일한 정신을 가진 동일한 한 인간이, 어린 시절부터 프랑스 사람들 혹은 독일 사람들 사이에서 자라게 되면, 중국인들 혹은 식인종들 사이에서 항상 살았을 경우와 비교해 그가 얼마나 달라지는지 고찰했으므로, 그리고 어떻게 우리 의복의 유행까지, 10년 전에 우리가 좋아했던, 아마도 10년이 가기 전에 다시 우리 마음에 들 동일한 옷이, 지금은 이상야릇하고 우스꽝스러운 것으로 여겨지는가를 고찰했으므로, 그 결과로 어떤 확실한 인식보다 우리를 더 잘 설득하는 것은 바로 습관과 예시이다. 그렇지만 발견하기에 약간 힘든 진실들을 위해서는, 의견들의 다양성이 가치 있는 증명은 아니다, 왜냐하면 대중 전체보다 단 한 사람이 진실들을 발견한다는 것이 훨씬 더 진실임 직하기 때문이다. [따라서] 나는 다른 이들의 견해보다 더 선호해야만 하는 듯한 견해들 중에서 어느 사람의 견해도 선택할 수 없었고, 나 자신이 자신을 이끌도록 강제된 자신을 발견했다.

그러나 어둠 속에서 혼자 걸어가는 인간처럼, 나는 아주 천천히 나아가고, 모든 것들에 아주 많은 조심성을 사용하고자 결심했는데, 내가 아주 조금씩만 나아간다면, 나는 자신을 잘 지킬 것이니, 적어도 넘어지지는 않을 것이다. 심지어 예전에 이성에 의해 이끌려지지 않았는데 나의 신뢰 속으로 교묘하게 스며들어 올 수 있었던 견해들의 어떤 것도 나는 완전히 집어 던져 버리는 것으로 시작하기를 전혀 원하지 않았다. 그래서 내가 시도하는 저작을 기획하는 데, 그리고 나의 정신이 할 수 있는 모든 것들의 인식에 이르는 진정

한 방법을 탐구하는 데, 나는 시간을 충분히 그전에 사용했었다.[29]

나는, 훨씬 더 어렸을 때, 철학의 분야 가운데서 논리학을, 그리고 수학 가운데서는 기하학자들의 해석과 대수를 약간 공부했다. 이것들은 나의 계획에 어떤 식으로든 이바지할 것으로 보이는 세 가지 기술 또는 학문들[30]이다. 그러나 그것들을 계속 검토하면서, 나는 논리학에 대해서는, 삼단논법과 다른 기법들 대부분이 그것들을 배우는 데보다는 오히려 사람들이 이미 알고 있는 것을 타인에게 설명하는 데 혹은 룰루스의 기술[31]처럼, 심지어 무지한 것들에 관해 판단 없이 말하는 데 소용된다는 사실에 주목했다. 그리고 논리학이 아주 참되고 아주 좋고 유용한 다수의 계율들을 실제로 포함하고 있음에도 불구하고, 어쨌든 [이것들은] 무익하고 불필요한 다른 많은 것들과 섞여 있다. 그래서 그것들을 거기에서 [무익하고 불필요한 다수의 계율들에서] 분리하는 것은 아직 다듬어지지

---

29 이 진정한 방법에 관한 것이 이 책의 주제이다. 알키에가 지적하듯이 데카르트에게서 방법에 대한 탐구가 급진적인 의심에 선행한다는 것을 여기서 확인할 수 있다. (FA., I, p.584. 주 1.)

30 알키에에 따르면 논리학이 기술인지 학문(science)인지를 묻는 질문은 매우 고전적인 질문이다. 토마스 아퀴나스는 논리학이 그 자체로 학문(science)이고, 논리학이 다른 학문들의 설립을 허락한다는 점에서 기술이라고 본다. 데카르트는 동일한 맥락에서 기하학과 대수를 학문이며 동시에 기술로 받아들인다. (Ibid., pp. 584-585, 주 2.)

31 참조.⟨1619년 4월 29일 베크만⟩에게 쓴 편지.

않은 대리석 조각에서 디아나[32] 혹은 미네르바[33]를 끌어내기
만큼이나 어렵다. 그다음에, 고대인들의 [기하학적] 해석(解析)
과 근대인들의 대수학에 대해서 말하자면, 그것들은 극도로
추상적이고, 어떤 용도도 없는 듯한 소재들에만 펼쳐져 있을
뿐만 아니라, 고대인들의 해석은 형태들의 검토와 아주 밀접
18 하게 묶여서, 상상력을 많이 혹사하지 않고는 지성을 훈련할
수 없다. 그리고 근대인들의 대수학에서 사람들은 몇몇 규칙
들과 몇몇 기호들에 너무 구속되어서, 거기에서 정신을 배양
하는 학문 대신 오히려 정신에 장애를 일으키는 애매하고 모
호한 기술을 만들었다. 이것이 이 세 가지[논리학, 해석기하학, 대
수학]의 장점들을 포함하면서 결함을 갖지 않는 어떤 다른 방
법을 찾아야만 한다고 내가 생각했던 이유다. 그리고 법률들
의 수효가 많음이 흔히 악덕들에 빠져나갈 구실들을 제공하
는 것과 마찬가지로, 한 나라는 법률들을 단지 적게 지니며,
아주 엄중하게 준수될 때 훨씬 더 잘 지배된다. 그와 같이 논
리학을 구성하는 많은 수의 계율들 대신에, 내가 단 한 번도
계율들을 준수하는 데 절대로 실패하지 않으리라는 굳고 의
연한 결단을 취하기만 하면, 다음에 오는 네 가지로 충분하

---

32   [로마신화] 디아나(Diane, 달의 여신, 처녀성과 수렵의 수호신; 그리
스 신화의 Artemis).

33   [로마신화] 미네르바(Minerve, 지혜와 무용(武勇)의 여신; 그리스 신
화의 Athena).

리라고 나는 믿었다.

첫째는 내가 한 사물을 이러이러하다고 명확히 인식하지 못하는, 어떤 것도 결코 진실로서 받아들이지 않는 것이었다. 즉, 속단과 선입견을 조심스럽게 피하는 것이고, 내 정신에 아주 뚜렷하게 그리고 아주 구별되게 나타나서 내가 그것을 의심할 어떤 계기도 없는 것, 그 이상으로 내 판단들에서 이해하지 않는 것이었다.[34]

둘째, 내가 검토할 난제들을 각각 가능하고, 더 잘 해결하기 위해서 요구될 정도의 부분들로 나누는 것이었다.

셋째, 내 생각들을 순서에 따라 이끄는 것이었다. 가장 단순하고 가장 인식하기 편한 대상들에서 시작하면서, 가장 복잡한 인식에까지 계단을 올라가듯이 조금씩 올라가기 위해, **19** 그리고 본래적으로 전혀 서로 선행하지 않는 것들 사이에조

---

34 알키에에 따르면 뚜렷한 관념(l'idée claire)은 우리 생각에 직접적으로 나타나는 관념이고 구별된 관념(l'idée distincte)은 우리 생각에 자신에게 고유한 것으로서 속한 것을 다른 관념들에 속한 것을 제외하고 단지 제안하는 관념이다. (FA., I, p. 586. 주2.) 데카르트는 《철학의 원리》, I, 45항에서 '뚜렷한 지각'과 '구별된 지각'을 다음과 같이 구별한다. "대상들이 현존하면서 충분히 강하게 움직여서, 그래서 우리 눈이 대상들을 주시하도록 배치되었을 때, 우리가 대상들을 뚜렷하게 본다고 말하는 것과 마찬가지로, 나는 집중하고 있는 정신에 현존하고 드러난 지각을 뚜렷한 지각이라고 부른다. 그리고 구별된 지각은 아주 명확하고 모든 다른 것들과 다른 지각이어서 그 자신 안에 그래야만 하는 것으로서 그것을 고려하는 것에 명백하게 나타나는 것만을 포함한다."(FA., III, p. 118. 필자 번역).

차 순서를 가정하면서 말이다.[35]

그리고 마지막은, 내가 아무것도 빠트리지 않았다는 확신이 들 정도로, 모조리 열거하고 철저히 전반적인 점검을 하는 것이었다.

기하학자들이 자신들의 가장 어려운 증명들에 도달하기 위해 습관적으로 사용하곤 하는 아주 단순하고 쉬운 근거들의 이런 긴 연쇄는 나에게 다음을 상상할 기회를 제공하였다. 인간 인식의 지배 아래에 들어갈 수 있는 모든 것은 동일한 방식으로 잇달아 온다. 그리고 사람들이 단지 사실이 아닌 것을 사실로 받아들이는 것을 삼가고, 사물들을 연역하기 위하여 서로 필요한 순서를 항상 지키기만 한다면, 결국에는 사람들이 도달하지 못할 정도로 너무 멀리 떨어져 있는 것도 발견하지 못할 정도로 아주 잘 숨겨질 수 있는 것도 없다고 말이다. 그리고 나는 시작하는 데 필요한 것을 찾는 것이 어렵지 않았다. 왜냐하면, 나는 가장 단순한 것들과 가장 인식하기 쉬운 것들에서 해야 한다는 것을 이미 알고[36]있었기 때문이다. 그리고 이제까지 학문들에서 진리를 탐구했던 모든 이들 가운데 오직 수학자들만 약간의 증명들, 즉 확실하고 명증적인 약간의 근거들을 발견할 수 있었던 것을 고

---

35 참조.《규칙들》, 규칙 V.

36 역자는 connaître를 '인식하다'로 그리고 savoir를 '알다'로 번역한다.

려하면서, 나는 단지 그들이 검토했던 동일한 것들에서 시작해야 한다는 것을 전혀 의심하지 않았다. 그것들이 나의 정신을 진리에 골몰하게 하고, 거짓 근거들에 전혀 만족해하지 않도록 익숙해지게 하는 것 외에 다른 어떤 유용성도 그것에서 내가 기대하지 않았음에도 불구하고 말이다. 그러나 나는 그러한 이유에서 사람들이 공통적으로 수학들이라고 부르는 모든 개별 학문들을 배우려고 노력할 계획은 없었다. 그 **20** 리고 개별 학문들의 대상들이 다름에도 불구하고, 그것들 모두는 대상들에서 발견되는 다양한 관계 또는 비율들만을 고려한다는 점에서 일치할 수밖에 없는 것을 목격하면서 나는 다음을 생각했다. 나는 비례들 일반만을 검토하며, 내가 그것들을 더 쉽게 인식하는 데 쓸모 있는 주제들 속에서만 그것들을 가정하는 것이 더 가치 있었다고 말이다. 심지어 또, 비례들 일반을 이런 주제들에 조금이라도 얽어매지 않아서, 그것들이 이후에 적절한 다른 모든 것들에 그 정도로 잘 적용할 수 있도록 하기 위해서 말이다. 그다음, 비례들을 인식하기 위해, 나는 때로는 그것들을 개별적으로 고려할 필요가 있고, 때로는 단지 그것들을 기억해 두거나, 여럿을 함께 이해할 필요가 있다는 사실을 주의하였으므로, 나는 비례들을 개별적으로 더 잘 고찰하기 위하여 선들로 가정해야 한다고 생각했다. 왜냐하면 나는 [선보다] 더 단순한 것을 전혀 발견하지도, 나의 상상력과 나의 감각들에 더 분명하게 나타낼 수도 없었기 때문이다. 그러나 비례들을 기억해 두거나 몇 가지를 함께 이해하기 위해, 나는 가능한 한 가장 짧은 약간의 기호들로 그것들을 설명해야만 했다. 그래서 이 방식으로 나는 기하학적 해석과 대수의 가장 좋은 것을 모두 빌릴 것이고, 서로에 의해 모든 결점을 교정할 것이다.

실제로 내가 선택했던 몇 가지 계율들을 정확히 준수하여, 그 두 학문이 미치는 모든 문제를 밝히는 데 매우 능숙하게 되었다고 외람되지만 내가 말하듯이, 나는 그것들[기하학적 해석과 대수]을 검토하는 데, 가장 단순하고 가장 일반적인 것들에서 시작하면서, 그리고 내가 발견한 각각의 진리를 이후에 다른 진리들을 발견하는 데 쓸모 있는 규칙으로 삼으며 두세 달을 보냈다. [그 시간에] 나는 예전에 몹시 어려운 것으로 판단했던 몇 가지 문제들을 끝장냈을 뿐만 아니라, 또한 내가 어떤 방식으로 그리고 어느 점까지 문제들을 해결 가능할지 무지했던 문제들조차 결정할 수 있었던 끝 무렵인 듯싶었다. 만일 어떤 문제와 관련하여 각각의 사물의 진실은 단지 하나만 거기에 있으므로, 만일 당신이 진실을 발견하려는 자는 누구나 사람들이 그것에 대해 알 수 있는 범위에서 안다는 것을 고려한다면, 그 점에서 내가 당신에게 아주 허무맹랑해 보이진 아마 않을 것이다. 그래서 예를 들면, 산술을 배운 한 아이가 규칙들에 따라 계산을 하면서, 그가 검토했던 합에 대해서, 인간 정신이 발견할 수 있는 모든 것을 발견했다고 확신할 수 있다. 왜냐하면, 결국 참된 순서를 따르도록, 그리고 사람들이 찾는 것에 대한 모든 사태들을 정확하게 나열하도록 [사람들을] 가르치는 방법은, 산술의 규칙들에 확실성을 부여하는 모든 것을 내포하기 때문이다.

그러나 그 방법에서 나를 가장 만족하게 했던 것은, 이 방법에 의해 나는 나의 이성의 전부를, 완벽하게는 아니지만 적어도 내 힘이 닿는 한 최고로, 사용하는 것을 확신했다는 점이다. 게다가 나는 그 방법을 실천하면서 나의 정신이 자신의 대상들을 더 선명하게 그리고 더 구별되게 받아들이는 데 조금씩 익숙해졌다는 것을 느꼈다. 그래서 그 방법을 어떤 특별한 소재에 전혀 예속시키지 않았기에, 내가 대수의 난제들에 사용했던 것과 같은 정도로, 그 방법 역시 다른 학문들의 난제들에 유용하게 적용할 것을 나는 결심했다. 그런 이유로 내가 현전하는 모든 난제를 우선 검토하려고 감히 시도하려 했던 것은 아니다. 왜냐하면, 그것 자체가 그 방법이 규정한 순서에 반대되는 것이었기 때문이다. 그러나 학문들의 원리들은 모두, 내가 아직 확실한 것들을 전혀 발견하지 못한, 철학에서 빌려와야 한다는 것에 주의하면서, 나는 무엇보다도 먼저 철학에 어떤 원리들을 세우는 데 노력해야 한다고 생각했다. 그리고 그것은 세상에서 가장 중요한 것이기에, 그리고 그때 속단과 선입견은 가장 두려워할 것이었으므로, 나는 그것들을, 당시 겨우 23살이었던 그 나이보다 더 성

22

숙한 나이에 이를 때까지 전혀 시도해서는 안 된다고 생각했다. 그래서 그전에 그것을 준비하는 데 나는 시간을 많이 사용했다. 내가 그 전에 내 정신에 받아들였던 모든 나쁜 견해들을 나의 정신에서 뿌리째 뽑으면서, 나중에 내 추론의 소재로 삼기 위해 여러 경험을 축적하면서 내가 점점 더 그것에 확고해지기 위해 내가 규정했던 그 방법을 항상 연습하면서 말이다.

3부

그리고 마지막으로, 사람들이 머물 거처를 다시 짓기 시작하기 전에, 거처를 허물고, 재료와 건축가를 준비하거나, 스스로 건축술을 신장시키고, 더욱이 주의 깊게 설계도를 그리는 것으로는 충분하지 않은 것 같다. [거기에 더해] 사람들이 거처 짓기에 일할 시간 동안 편리하게 지낼 수 있는 어떤 다른 거처가 마련되어야만 한다. 따라서, 이성이 나에게 나의 판단들에 있도록 강요하는 동안 나의 행위들에 결코 우유부단한 채 머물지 않기 위해서, 그리고 이 시간 동안에 그래도 내가 가능한 한 가장 행복하게 살아야 해서, 나는 단지 셋 혹은 네 개의 준칙들[37]로 이루어진 임시적인 도덕을 만들었는데, 나는 정말 그것을 당신들과 나누고 싶다.

첫 번째는 내 나라의 법률들과 관습들에 복종하는 것이 **23**
었다. 어린 시절부터 신이 나에게 은총을 내려 가르침을 받은 종교를 줄곧 간직하고, 내가 함께 살아가야만 하는 이들

---

37 일반적으로 '규칙'으로 번역되지만 역자는《규칙들》과 구분하여 준칙으로 번역한다. 칸트 철학에서 준칙에 해당하는 것으로도 볼 수 있다.

가운데 가장 분별 있는 이들에 의해 실천 속에서[38] 공통적으로 받아들여진 가장 온건하고, 가장 극단에서 먼 견해들을 따르며, 다른 모든 것에서 나 자신을 통제하면서 말이다. 왜냐하면, 나는 나의 고유한 견해들을 모두 검토하기를 원했으므로, 나의 고유한 견해들을 아무것도 아니라고 간주하는 것에서부터 시작하며, 나는 보다 더 분별 있는 사람들의 견해들을 따르는 것이 더할 나위 없이 안심되었기 때문이다. 그리고 상당히 분별 있는 이들이 우리 가운데 있듯이 페르시아인들이나 중국인들 가운데 있을 것인데, 더불어 살아가야만 하는 이들에 의해 내가 규제당하는 것이 가장 유용한 것인 듯싶었다. 그리고 분별 있는 이들의 견해가 진정으로 어떤 것이었는지를 알기 위해, 나는 그들이 말하는 것보다 오히려 그들이 실천하는 것에 주의해야만 했다.[39] 단지 우리의 풍기문란 상태에서 자신들이 믿고 있는 모든 것을 말하려는 사람이 별로 없어서가 아니라, 몇몇의 사람은 그들 자신도 그것을 모르기 때문이다. 왜냐하면, 어떤 것을 믿는 생각의 작용은, 그것을 믿고 있다고 인식하는 생각의 작용과 다르며, 이 둘은 각기 다른 하나 없이 흔히 존재하기 때문이다.[40] 그리고 동등하게 받아들여진 여러 견해 가운데서, 나는 가장 온건한

---

38 en pratique의 번역이다.

39 데카르트가 실천을 중시하고 있음이 드러나는 부분이다.

40 데카르트의 심리적 무의식에 대한 이해가 나타난다.

것들만 선택했다. 항상 이런 것들이 실천하기에 가장 편리하고, 모든 지나침은 나쁜 습관이므로, 필시 최상의 것들이기 때문이다. 또한, 참으로 극단들 가운데서 하나를 선택했는데, 만일 내가 다른 것을 따랐어야 해서 실패했을 경우, 역시 나를 참된 길에서 덜 벗어나도록 하기 위해서 말이다. 그리고 특히, 나는 모든 약속들을, 극단들 사이에 두었는데, 이 **24** 약속들로 인해 사람들은 어느 정도 자신의 자유를 빼앗긴다. 내가 법률들을 반대했던 것은 아니다. 법률들은 사람들이 어떤 좋은 계획을 세울 때, 연약한 정신의 불안정성을 개선하도록 허용하거나, 어떤 계획이 단지 중립적[41]일 때, 거래의 안전을 위해서, 사람들이 거기에 지속하게끔 강제하는 맹세 또는 계약을 하도록 허용한다. 그러나 나는 이 세상에서 항상 동일한 상태로 머무는 것은 어떤 것도 목격하지 못했고, 나 개인으로 말하자면, 나는 나의 판단들을 최악으로 만들기보다는 더욱 완벽하게 만들기로 했기에, 나는 [다음과 같은 경우는] 상식에 반하는 커다란 오류를 범하는 것으로 생각했다. 만약 어떤 것이 아마도 좋은 것으로 존재하기를 멈추거나, 혹은 내가 좋은 것이라고 평가하는 것을 멈췄을 때, 내가 어떤 것을 앞서 찬성했기 때문에, 그 후에도 여전히 내가 좋은 것으로 그것을 여겨야만 한다면 말이다.

---

41 무차별적이란 좋고 나쁨도 없는 상태를 말한다.

나의 두 번째 준칙은 내가 할 수 있는 한 내 행위들에 가장 확고하고 가장 단호해지는 것이었고, 내가 견해들을 일단 결정하면, 만일 그것들이 아주 확실하다면, 심지어 가장 의심스러운 견해들이라도 지속해서 따르는 것이었다. 그 점에서 여행자를 따라해야 한다. 어떤 숲에서 길을 잃은 여행자는, 어떤 때는 여기에 어떤 때는 저기로 왔다 갔다 하면서 배회하지 말아야 한다, 적어도 한 자리에 멈추어 있지도 말아야 한다. 그러나 할 수 있는 한, 동일한 한 방향을 향하여 가장 곧게 걸어야만 하고, 심지어 시작에서 단지 우연히 그 방향을 선택했다 할지라도, 가벼운 이유로 방향을 결코 바꾸지 말아야 한다. 왜냐하면, 이 방식으로 여행자가 원하는 곳으로 가지 못한다고 해도, 적어도 끝에는 숲 가운데 있는 것보다 나은 어딘가에 필시 다다를 것이기 때문이다. 따라서 삶에서의 행위들은 어떤 지체도 흔히 허용하지 않으므로, 가장 참다운 견해들을 분별하는 능력이 우리 안에 없을 때, 우리는 가장 개연(蓋然)[42]적인 것들을 따라야만 한다는 것은 매우 확실한 진리이다. 그리고 심지어 어느 한편의 견해보다 다른 한편의 견해에서 더 [많은] 개연성을 우리가 전혀 주목하지 못할지라도, 우리는 어떤 견해를 결정해야만 한다. 그리고 그것들이 실천과 관계되는 한에서, 우리는 이후에 그것들

25

---

42 확실하게 단정할 수는 없지만 대개 그럴 것으로 생각하는 상태를 말한다.

을 더는 의심스러운 것으로가 아니라, 우리에게 [그것들을] 결정하게 한 이성이 그렇게 자신을 발견하기 때문에, 가장 진실하고, 가장 확실한 것으로 고려해야만 한다. 그리고 [이 준칙들을 따름으로써] 모든 후회와 회한에서 나는 그때부터 해방될 수 있었다. 후회와 회한은 연약하고 흔들리는 정신들의 양심을 흔드는 습관이 있는데,[43] 그 정신들은 나중에는 나쁜 것으로 판단하게 될 것들을 좋은 것으로 실천하게 되는대로 내버려둔다.

세 번째 준칙은 운보다는 오히려 나를 극복하려고, 그리고 세상의 질서보다는 나의 욕망들을 바꾸려고 항상 노력하는 것이었다. 그리고 일반적으로 우리 능력 안에 전적으로 있는 것은 우리 생각들뿐이어서, 우리 외부에 있는 것들에 대해 우리가 최선을 다한 후에, 좋은 결과를 얻는 데 모자란 것은 모두 우리의 관점에서는 절대적으로 불가능한 것이라고 믿는 데 익숙해지는 것이었다. 그리고 단지 이 점만이 내가 앞으로 얻지 못할 것을 욕망하는 것을 막기 위해서, 그리고 이같이 나를 만족시키기 위해서 나에게 충분한 듯싶었다.[44] 우리 의지는, 우리 지성이 의지에 어떤 방식으로든 가 **26**

---

43 《정념론》63항, 191항, 그리고 177항 참조.

44 질송과 알키에에 따르면 세 번째 준칙의 내용은 스토아철학을 따른 것이다. 참조. Epictete, *Manuel*, I, 1-2, VIII, XXIII, 등등; Seneque, *De Vita beata*, XV, 7, 등등. Gilson, Comm., 246 et sq. Alquié, FA., I, p. 576. 주2.

능한 것으로 나타내는 것만을 단지 본성상 욕망하도록 자극하므로 다음이 확실하기 때문이다. 만약에 우리가 우리 외부에 있는 좋은 모든 것들을 똑같이 우리 능력에서 멀리 떨어져 있는 것으로서 간주한다면, 중국이나 멕시코 왕국을 소유하지 못하여 유감스러워하는 것보다, 태어날 때 당연히 받을 것으로 보이는 것들을 우리의 잘못이 아닌데 그것들을 결여하고 있을 때, 결여하고 있는 것에 우리가 더 유감스러워하지는 않을 것이다. 그리고 사람들이 말하듯이, 힘든 일을 자진해서 하면서, 우리가 지금 다이아몬드만큼 거의 부패하지 않는 물질로 된 신체를, 혹은 새처럼 날기 위하여 날개들을 가지려고 하는 것보다, 병들어 앓고 있을 때 건강하게 되기를, 또는 감옥에 있을 때 자유롭게 되기를 우리는 더 한층 욕망하지 않을 것이다. 그러나 나는 모든 것들을 이런 각도에서 바라보는 데 익숙해지기 위해서는 오랜 연습과 흔히 반복된 성찰이 필요하다는 것을 인정한다. 그리고 예전에 운의 지배를 피할 수 있었고 고통과 가난에도 불구하고 자신들의 신들과 지복에 관해 논쟁할 수 있었던 그 철학자들[45]의 비밀이 특히 이 점에 있다고 나는 믿는다. 왜냐하면, 자연이 철학자 자신들한테 규정한 한계들을 끊임없이 고찰하는 것에 전념하면서, 철학자들은 자신들의 생각들만이 자신들의 능

---

45 스토아 철학자들을 말한다.

력 안에 있는 것이라는 점을 아주 완벽하게 확신해서, 오직 그것만이 다른 것들에 대해서 [그들이] 어떤 열의를 갖는 것을 막기에 충분했기 때문이다. 그리고 철학자들은 생각들을 아주 절대적으로 마음대로 할 수 있어서, 그들은 그 점에 있어, 그 철학을 전혀 지니지 않은 다른 어떤 인간들보다 더 부자이고, 더 강력하고, 더 자유롭고, 더 행복하다고 자기들을 간주하는 나름의 몇 가지 근거들을 가진다. 그 철학을 전혀 지니지 않은 이들은, 있을 수 있는 정도로 그들이 아무리 자연과 운에 의해 선호되었어도, 그들이 원하는 것 모두에 그와 같이 결코 마음대로 할 수 없기 때문이다.

마지막으로, 나는 이런 도덕의 결론으로서,[46] 인간들이 이 삶 속에서, 최고의 것을 선택을 하려고 노력하기 위해서 갖는 다양한 활동들을 검토하려는 것을 생각해냈다. 다른 사람들의 활동들에 대해 전혀 말하고 싶지 않았고, 내가 처한 바로 그 활동에서 지속하는 것보다 즉 나의 이성을 계발하고,[47] 내가 할 수 있는 만큼, 내가 규정했던 방법을 따르면서, 진리의 인식으로 나아가는 것에 나의 모든 삶을 바치는 것보다 더 잘 할 수 있는 것은 없다고 나는 생각했다. 나는 이 방법을

46　이 문장에서부터 네 번째 준칙이 제시된다. 우리가 유념해야 할 것은 이 준칙은 일반적인 것이라기보다는 데카르트 자신에게만 해당되는 준칙이라 볼 수 있다는 점이다.

47　cultiver 경작하다. 문화(culture)의 근간이 되는 동사이다.

사용하기 시작한 이래로, 사람들이 이 삶에서 이보다 더 감미롭고, 더 순수한 것을 부여받을 수 있다고 믿지 않을 정도로 아주 극적인 만족을 맛보았다. 그리고 나에게 충분히 중요한 듯하고, 일반적으로 다른 사람들에게는 알려지지 않은 약간의 진리들을 날마다 그 방법으로 발견하였다, 그리고 그것들에서 받은 만족감이 내 정신을 아주 가득 채워서 그 외의 나머지 것은 전혀 나에게 감동을 주지 못했을 정도였다. 게다가 앞서 제시한 세 가지 준칙들은 나 자신을 계속해서 스스로 가르치려는 것을 지속하려는 계획에 오로지 근거를 둔 것이었다. 왜냐하면, 신은 우리 각자에게 거짓된 것에서 진실된 것을 분별하기 위한 어떤 빛[48]을 주었으므로, 만일 내가 적절한 때 그것들을 검토하는 데 나의 고유한 판단을 사용하기를 제안하지 않았다면, 단 한순간도 나는 타인의 견해에 만족해야만 한다고 믿지 않았을 것이기 때문이다. 그리고 만일 최고의 것들이 있는 경우에, 최고의 것들을 발견하는 어떤 기회도 잃지 않기를 희망하지 않았다면, 나는 타인들의 견해를 따르는 데 주저하지 않아도 된다는 것을 알지 못했을 것이기 때문이다. 그리고 마지막으로, 만일 내가 할 수 있는 모든 인식의 획득을 확보된 것으로 생각하며, 동일한 방식으로 나의 능력 안에 진실로 좋은 것들 모두를 획득할 수 있

28

---

48 이성을 말한다.

는, 내가 그렇게 생각했던, 어떤 한 길을 따르지 않았더라면, 나는 내 욕망을 한계 짓는 것도, 만족하는 것도 알지 못했었을 것이다. 우리의 의지는 우리의 지성이 의지에 좋은 것 또는 나쁜 것으로 나타내는 것에 따라 단지 뒤따르거나 피하는 데 이르게 하므로, 잘 (행동)하기 위해서는 잘 판단하는 것만으로 충분하며,[49] 그리고 사람들이 할 수 있는 한 최선을 다하기 위해, 즉 모든 덕과 일반적으로 사람들이 얻을 수 있는 다른 모든 좋은 것들을 함께 획득하기 위해서는 가장 잘 판단하는 것만으로 충분하다. 그리고 사람들은 그렇다고 확신할 때, 만족하지 않을 리가 없다.

그러한 준칙들을 그와 같이 확보하고 나의 믿음 속에서 항상 첫 번째였던 신앙의 진리들과 별도로 둔 후에, 나는 나의 견해들의 나머지 모두에 대해서, 자유롭게 해체하기를 시도할 수 있겠다고 판단했다. 그리고 나는 그러한 모든 생각을 했던 난로 방에 갇혀 더 오랫동안 머무르기보다는, 사람들과 대화하면서 이것을 더 잘 끝낼 수 있으리라 기대하여, 아직 겨울이 끝나기 전이었는데도 나는 다시 여행하기를 시

---

49 스콜라철학에서 일반적으로 의지는 자연스럽게 좋은 것(선)으로 향한다고 받아들여졌다. 1637년에는 데카르트 역시 이 이론을 따르는 듯하다. (참조. 1637년 4월 27일 메르센에게 보낸 편지.) 하지만 1644-1645년의 메스랑에게 보낸 편지들에서는 이 이론을 포기한다.(FA., I, p. 598, 주, 1.)

작했다.[50] 그리고 뒤이어서 전부 9년 동안[51] 나는 오직 세상 속 여기저기를 전전하기만 했는데, 세상에서 상연되는 모든 희극에서 배우보다는 관람자가 되도록 노력하며 소재를 의심하게 하고 우리에게 잘못 생각하게 할 수 있는 각각의 소재에 대해 특히 반성하면서, 나는 이전에 슬그머니 집어넣어

29 졌을 수 있었던 모든 오류를 나의 정신에서 뿌리째 뽑았다. 나는 그 점에 관하여 의심하기 위해서만 의심하고 항상 결정을 내리지 못하는 척하는 회의론자들을 따라 한 것은 아니었다. 왜냐하면, 반대로 나의 모든 계획은 확신하는 것을, 그리고 바위나 점토를 발견하기 위해서는 지반이 무른 땅과 모래는 던져 버리는 것을 지향했기 때문이다. 내가 상당히 성공했었던 것은 다음인 듯싶다. 부실한 추측이 아니라 분명하고 확보된 추론에 의해서 검토하는 명제들의 오류나 불확실성을 발견하도록 노력하며 나는 아주 의심스러운 명제들을 전혀 만나지 않았으므로, 명제가 확실한 것을 전혀 내포하고 있지 않은 바로 그것일 때, 나는 충분히 확실한 어떤 결론을 명제에서 항상 끄집어내지 않았다. 그리고 낡은 거처를 부술 때, 사람들이 새로운 거처를 세우는 데 사용하기 위해 잔해들을 보통 비축하는 것처럼, 그와 같이, 내가 부적절하

---

50 1619년 3월 또는 4월을 말한다.

51 여기서 9년은 1619년에서부터 1628년을 의미한다.

게 판단했던 내 견해의 모든 잔해를 파괴하면서, 나는 다양한 관찰들을 하며, 그 이후로 나에게 더욱 확실한 견해들을 세우는 데 사용할 여러 경험을 얻었다. 그리고, 그에 더해, 나는 내가 규정했던 방법을 훈련하기를 지속했다. 실제로 나는 나의 모든 생각을 일반적으로 그것의 규칙들에 따라 이끄는 데 유념했을 뿐만 아니라, 나는 때때로 여러 시간을 남겨두고, 특히 수학의 난제들을 푸는 데 사용하거나, 내가 충분히 확고하다고 보지 않았던 다른 학문들의 모든 원리에서 난제들을 분리하면서, 심지어 수학의 난제들과 거의 비슷하게 만들 수 있는 다른 난제들에 사용했다. 내가 이 저서에서 설명한 여러 가지에서 여러분이 볼 것처럼 말이다. 따라서, 안락 **30**하고 세상 물정 모르는 삶을 보내는 일만 하며, 악덕들에서 즐거움을 분리하려고 애쓰며, 권태롭지 않게 자신의 즐거움을 향유하기 위해서 적당한 모든 오락들을 이용하는 이들과 겉보기에는 다른 방식으로 살지 않으면서, 그래도 나는 나의 계획을 속행하고, 단지 책만 읽거나 문학 하는 이들과 교류할 때보다 진리에 대한 인식에 있어서 아마 얻은 바가 훨씬 많았다.

그렇기는 하지만, 학자들 사이에서 논쟁되곤 하는 난제들에 대하여 내가 아직 어떤 진영도 정하기도 전에, 받아들여진 통속적인[52] 것보다 더 확실한 어떤 철학의 토대를 찾기 시작하기도 전에 이렇게 9년이 흘렀다. 그리고 이전에 이러한 계획을 세웠으나 성공하지 못한 것으로 보이는 몇몇 뛰어난 지성들[53]의 예는, 나에게 너무나 많은 난제들을 상상하게 하여서, 만일 내가 난제들을 타개했다는 소문을 몇몇 사람들이 이미 퍼트리고 있다는 것을 알아차리지 못했다면, 아마도 나는 아직도 감히 그 계획을 시도하지 못했을 것이다. 나는 사람들이 무슨 근거로 그런 견해를 가졌는지 말할 수 없다. 그리고 만일 내가 나의 서설로 소문에 어떤 것을 기여했다면, 그것은 틀림없이 조금 공부한 사람들이 하는 습관보다 더 진솔하게 나의 무지를 고백하면서, 아마도 또한 내가 어떤 학설을 자랑하면서보다는, 다른 사람들이 확실한 것들로 평가하는 많은 것들에 의심하는 근거들을 보여주면서였다는 데 있을 것이다. 그러나 사람들이 내가 아닌 다른 사람으로 나를 간주하는 것을 전혀 원하지 않을 정도로 마음이 충분히 어질어서, 사람들이 나에게 준 평판에 어울리게 되려고 모든 수단을 다해 노력해야 한다고 나는 생각했다. 그리

31

---

52 여기서 통속적인 것은 스콜라철학을 말한다. 통속적이라는 말이 경멸하는 의미는 아니다. 데카르트는 프랑스어 역시 통속적이라고 이 글에서 쓴다. (FA., I, p.600, 주2.)

53 라무스(Ramus)와 베이컨(F. Bacon, 1561~1626)을 염두에 둔 것으로 알려진다.

고 정확하게 8년 전에 이런 욕망은, 내가 아는 사람들이 있을 수 있던 모든 장소에서 멀어지도록 하였고, 그리고 나를 여기, 이 나라[54]에 은거하도록 결심하게 하였다. 전쟁의 오랜 기간이 이곳에 [다음과 같은] 질서를 세우게 했다. 이곳에서 주둔하는 군대들은 평화의 결실들을 훨씬 더 안전하게 즐기게 하는 데 봉사하는 듯싶었다. 그리고 아주 활동적이고, 타인들의 일들에 대한 호기심보다는 자신들의 고유한 일에 훨씬 더 신경을 쓰는 위대한 국민의 군중 사이에서, 가장 사람이 많이 찾는 도시에 있는 어떤 편리함도 결여하지 않고, 나는 가장 동떨어진 사막에 있는 정도로 고독하게 그리고 은둔하며 살 수 있었다.

---

54 네덜란드를 말한다.

4부

내가 그곳에서 했던 최초의 성찰들에 대해 당신들과 이야기 해야 할지 나는 잘 모르겠다. 왜냐하면, 그것들은 아주 형이 상학적이고 아주 약간만 일반적이어서, 그것들은 아마 모든 이들의 취향이 아닐 것이기 때문이다. 그렇기는 하지만, 내가 세운 토대들이 충분히 확고한지 사람들이 판단할 수 있게 하기 위해서, 나는 그 성찰들에 대해 말하도록 어떤 의미에서 강제된 자신을 발견한다. 관습들에 대해서는, 사람들이 아주 불확실하다고 알고 있는 견해들을 따르는 것이, 위에서 말한 것처럼, 그것들이 의심할 여지가 없을지라도 때때로 필요하다는 점을, 오래전부터 나는 주목했었다. 그러나 나는 그때 진리 탐구에만 오로지 열중하기를 원했기 때문에, 모든 것을 반대로 해야만 한다고 생각했다. 그래서 나는 그 후에 전적으로 의심할 나위 없는 어떤 것이 나의 신뢰 속에 남아있지 않은지 보기 위해서, 최소한의 의심일지라도 상상할 수 있는 모든 것을 나는 완전히 거짓된 것으로 내던졌다. 따 **32** 라서 우리 감각들이 우리를 때때로 속이기 때문에, 감각들이 우리에게 상상하게 만드는 어떤 것도 그와 같이 [상상하듯] 존재하지 않는다고 나는 가정하고자 했다.[55] 그리고 기하학의 가장 단순한 분야에 대해서조차 추론하면서 오인하고, 거짓 추리들을 범하는 이들이 있기 때문에, 다른 이와 마찬가지로 나는 과오를 범하는 주체였다고 판단하였으므로, 나는 증명들이라고 이전에 취했던 모든 근거들을 거짓으로 내던졌다. 그리고 마지막으로, 우리가 깨어있을 때 지녔던 모든 동일한 생각들을 우리가 잠들어 있을 때도, 사실인 것은 어떤 것도 거기에 없이, 역시 오게 할 수도 있다는 점을 고려하면서, 나는 내 정신 안으로 이제껏 들어온 적이 있었던 모든 것들은 내 꿈의 환영보다 더 진실한 것은 아니라고 가상하기로 결심했다. 그러나 그 직후에 나는 모든 것이 거짓이라고 생각하기를 그처럼 바라는 동안, 이것을 생각하는 나는, 필연적으로 어떤 것이었어야만 한다는 것에 주의했다. 그리고 이 진리; *나는 생각한다, 그러므로 나는 존재한다(je pense, donc je suis)*[56] 는 아주 확고하고 아주 확실하여, 회의주의자들의 가장 기상천외한 모든 가정들로도 그것을 흔들 수는 없다는 것에 주목하여, 그것을 내가 찾고 있는 철학의 제일 원리로서 불안

---

55   알키에가 지적하고 있듯이 이 문장에서 데카르트가 의심의 대상으로 삼는 것은 감각 사물들의 존재가 아니라 사물들과 나의 감각적 인상의 일치 (conformité)이다. (FA., I, p. 602. 주1.)

56   데카르트 자신이 강조했다.《성찰》가운데 〈두 번째 성찰〉에서 언급된 "je suis, j'existe"와 비교된다.

감 없이 받아들일 수 있다고 나는 판단했다.

그러고 나서 내가 무엇이었는지를 주의 깊게 검토하며, 내가 어떤 몸도 갖지 않았다고, 그래서 내가 있는 어떤 세상도 어떤 장소도 없다고 가상할 수 있다는 것을 감지했으나, 그러한 이유로 인해서 내가 전혀 존재하지 않는다고 가상할 수는 없었다. 그와 반대로 내가 다른 사물들의 진리를 의심하는 것을 생각한다는 바로 그것 자체에서 내가 존재한다는 **33** 것이 매우 분명하게 그리고 매우 확실하게 따라 나왔다. 반면에, 내가 단지 생각하기를 멈췄다면, 내가 이제껏 상상했었던 것의 전부가 진실이었음에도 불구하고, 내가 존재했다고 믿을 어떤 이유도 없었다. 그로 말미암아, 나는 모든 본질 또는 본성이 단지 생각하는 것일 뿐이고, 존재하기 위하여, 어떤 장소도 필요하지 않고, 어떤 물질적인 것에도 의존하지 않는 한 실체였다는 것을 나는 인식하였다. 그래서 이 나, 다시 말하면 나를 나이게끔 하는 영혼[57]은 전적으로 몸과 구별된다. 그리고 심지어 영혼은 몸보다 인식하기가 정말 훨씬 더 쉽다. 그래서 몸이 존재하지 않을지라도, 영혼은 영혼이 존재하는 모든 것으로 존재하지 않고는 못 배길 것이다.

그러고 나서, 나는 한 명제가 참이고 확실하기 위해서, 무엇이 요구되는지를 일반적으로 고찰하였다. 왜냐하면, 내가

---

57 여기서 데카르트가 개체성의 원리를 영혼으로 보고 있음이 드러난다.

그러한 것으로 알던 하나를 방금 발견했으므로, 나는 이 확실성이 어떤 것인지 또한 알아야만 한다고 생각했기 때문이다. 그리고 *나는 생각한다, 그러므로 나는 존재한다*(*je pense, donc je suis*): 이 명제에서, 생각하기 위해서는, 존재해야만 한다는 것을 아주 뚜렷하게 감지하는 것을 제외하고, 내가 진리를 말하고 있다고 내게 보장하는 것은 아무것도 없다는 것에 주목했다. [그래서] 나는 우리가 아주 뚜렷하게 그리고 아주 구별되게 받아들이는 사물들은 모두 참이라는 것을 일반 규칙으로 간주할 수 있다고 판단했다. 그런데 우리가 구별되게 받아들이는 것들이 어떤 것들인지 잘 주목하는 데 어떤 어려움이 오직 있다고 판단했다.

그런 연후에, 내가 의심하는 것을 그리고 결과적으로 내 존재는 전적으로 완벽하지 않다는 것을 반성하면서, 나는 의심하는 것보다 인식하는 것이 더 큰 완벽함이라는 것을 뚜렷하게 감지했기 때문에, 내가 존재했던 것보다 더 완전한 어떤 것에 대해 생각하는 것을 어디에서 배웠는지 찾기를 생각해 냈다. 그리고 이것은 실제로 더 완전한 어떤 본성의 존 **34** 재였음이 틀림없다는 것을 나는 분명하게 인식했다. 내 밖에 있는 여러 다른 사물들, 하늘, 땅, 빛, 더위 그리고 다른 많은 것들과 같은 것들에 대해 내가 지녔던 생각들[58]과 관련하

---

58 참조. 알키에가 지적하듯이 방법서설에서 데카르트는 생각(pensée)과 관념(idée)이라는 단어를 무차별적으로 사용한다. (FA., I, p. 605.주 3.)

여, 나는 그것들이 어디에서 오는지 아는 것이 전혀 어렵지 않았다. 왜냐하면, 그것들을 나보다 더 우월한 듯싶게 보이게 하는 어떠한 것도 그것들을 안에서 주목하지 못해서, 만일 그것들이 진실이었다면, 나의 본성이 어떤 완벽성을 지니는 한에서, 내 본성의 부속물들이라고 나는 믿을 수 있기 때문이었다. 그리고 그것들이 그렇지 않았다면, 나는 그것들을 무에서 얻어낸 것이었을 텐데, 다시 말하면 내가 결함을 지니고 있기 때문에, 그것들은 내 안에 존재한 것이었다. 그러나 나보다 더 완벽한 존재에 대한 관념은 나에 대한 관념과 동일한 것일 수 없었다. 왜냐하면, 관념을 무에서 얻는다는 것, 그것은 명백하게 불가능한 것이었기 때문이다. 그리고 최고 완벽한 것이 가장 덜 완벽한 것의 결과이고 의존이라는 것 못지않게, 무에서 어떤 것이 생긴다는 것은 모순이기 때문에, 나는 그 관념을 나 자신한테서도 얻을 수 없었다. 그 결과 내가 존재하는 것보다 참으로 더 완벽하고, 심지어 내가 어떤 관념을 가질 수 있는 모든 완벽함들을 자신 안에 지니고 있는 본성에 의해, 한마디로 설명하자면, 신에 의해, 그 관념이 내 안에 넣어졌다는 게 여전히 남겨졌다. 이 점에 나는 다음을 덧붙였다. 내가 전혀 가지고 있지 않은 어떤 완벽함을 인식하고 있었기 때문에, 내가 현존하는 유일한 존재는 아니었으나, (미안하지만, 나는 여기서 강단 용어들을 자유롭게 사용하고자 한다), 내가 의존하고, 내가 지니고 있는

모든 것들을 그것에서부터 획득했던 더 완벽한 어떤 다른 것
이 있어야 한다는 것이 꼭 필요했다. 왜냐하면, 만일 내가 유
일하게 존재했고 다른 모든 것에서 독립되어 존재했다면, 그
결과 나는 나 자신으로부터 내가 완전한 존재의 성격을 지녔
던 얼마 안 되는 전부를 얻게 되었을 터이니, 나는 동일한 이
유로 내가 결여하고 있는 것으로 인식하고 있는 기타 나머지
모든 것을 나 자신으로부터 얻을 수 있었을 것이기 때문이
다, 그리고 그처럼 나 자신이 무한하고, 영원하고, 불변하고,
전지하고, 전능하게 되고, 결국 내가 신 안에 존재하는 것으
로 주목할 수 있던 모든 완전함을 지닐 수 있었을 것이기 때
문이다. 왜냐하면, 내가 지금 방금 했던 추론에 따르면, 신의
본성을 인식하기 위해서, 나의 본성이 인식할 수 있는 한에
서, 내 안에서 모든 것들에 대해서 어떤 관념을 발견했기에,
내가 그것들을 소유하는 것이 완벽함인지 아닌지를 단지 고
려하기만 하면 되었고, 어떤 불완벽함을 표징했던 것 중 어
떤 것도 신 안에 없고, 다른 모든 것들은 신 안에 있다는 것을
나는 확신했었기 때문이다. 나는 의심, 불안정성, 슬픔 그리
고 그와 유사한 것들은 신 안에 존재할 수 없다고 감지했으
니까, 그것에 비추어, 나 자신도 그것들에서 벗어난 것에 만
족했다. 그리고 그 이외에도 나는 느낄 수 있고, 물질적인 여
러 사물에 대한 관념들을 가지고 있었다. 왜냐하면, 내가 꿈
을 꾸고, 내가 보거나 상상했던 모든 것들이 거짓이라고 가

정하더라도, 그렇지만 나는 그 관념들이 내 생각 안에 정말로 존재했다는 것을 부인할 수 없었기 때문이다. 그러나 나는 내 안에서 지성적 본성은 신체적 본성과는 구별된다는 것을 매우 뚜렷하게 이미 인식하고 있었기 때문에, 모든 복합체는 의존을 증명하고, 의존은 분명하게 결함이라는 것을 고려하며, 나는 그로부터, 그 두 개의 본성으로 결합된 것이 신 안에서의 완벽함일 수 없으니, 결과적으로 신은 결합된 것이 아니라고 판단했다.[59] 그러나 세상에 어떤 신체들, 혹은 어떤 **36** 지성들 혹은 전적으로 전혀 완전하지 않은 다른 본성들이 있었다면, 그것들의 존재는 신의 역량에 의존해야만 해서, 그것들은 신 없이 한순간도 존속할 수 없었을 것이라고 판단했다.[60]

그러고 나서, 나는 다른 진리들을 찾고자 원해, 스스로에게 기하학자들의 대상들을 제안했다. 나는 이 대상들을 연속적인 물체, 혹은 길이, 넓이 그리고 높이나 깊이에서 무한정 펼쳐진 여러 부분들로 나뉠 수 있는 공간으로 받아들였는데 이 부분들은 다양한 형태와 크기를 지닐 수 있고 각가지로 움직이거나 옮겨질 수 있다. 왜냐하면, 기하학자들은 그것 전부를 자신들의 연구 대상이라고 가정하기 때문에, 나는

---

59 데카르트는 인간을 신체와 영혼의 결합체로 파악한다.

60 데카르트의 지속적 창조(la création continuée)이론을 암시하고 있다.

그것들의 가장 단순한 증명들 몇 가지를 훑어보았다. 그리고 모든 사람이 이 기하학의 대상들에 부여하는 커다란 확실성은, 명백하다고 납득한 것에 유일하게 근거를 두었을 뿐이라는 점에 주의했으며, 내가 위에서 말한 규칙에 따라, 나는 이 증명들 안에는 그것들의 대상의 존재를 나에게 확신시켜주는 것이 전혀 없다는 것에도 주의하였다. 예를 들어, 나는 삼각형을 가정하면서, 그것의 세 각의 합은 두 직각과 같아야만 한다는 점을 잘 감지했으나, 어떤 삼각형이 그런 이유로 이 세상에 있다고 나를 확신시켜주는 것을 전혀 감지하지 못했기 때문이다. 반면에 완전한 한 존재에 대해 내가 지녔던 관념을 검토하는 것으로 되돌아오면서, 나는 존재가 관념에 포함되어 있다는 것을 발견했다. 세 각의 합은 두 직각과 같다는 것이 삼각형의 관념 속에 있는 것과 동일한 방식이거나 원의 모든 부분은 원의 중심에서 동일한 거리에 있다는 것이 원의 관념 속에 포함되어 있는 방식으로 또는 심지어 좀 더 분명하게 말이다. 그래서 결과적으로 이 완전한 존재인 신이 존재하거나 현존한다는 것은 기하학의 어떤 증명이 확실할 수 있는 만큼이나 최소한 확실하다.

　　그러나 신을 인식하는 데, 심지어 자신들의 영혼이 무엇 **37** 인지 인식하는 데, 어려움이 좀 있다는 것을 확신하는 여러 사람이 있게끔 하는 것, 이것은 그들이 그들의 정신을 감각적인 것들 너머로 결코 끌어올린 적이 없어서이다. 그리고 그것은 그들이 물질적인 사물들에 대한 특별한 생각하기 방식인 상상[61]만 하면서 아무것도 고찰하지 않는 데 너무나 익숙해져서, 상상할 수 없는 모든 것은 그들에게 이해할 수 없어 보여서이다. 강단철학자들조차 감각 안에 처음부터 있지 않았던 것은 결코 지성 안에 있지 않다는 것을 준칙으로 삼았다는 것은 충분히 명백하다. 감각에는 어쨌든 신과 영혼의 관념들이 결코 있지 않았다는 것은 확실하다. 그리고 신과 영혼의 관념들을 이해하기 위해 자신들의 상상력을 사용하려고 하는 이들은, 소리를 듣기 위해 또는 냄새를 맡기 위해, 자신들의 눈을 이용하려고 하는 것과 내게 마찬가지인 듯싶다. 그래도 여전히 다음과 같은 차이가 있다는 점을 제외하고는 말이다. 시각의 감각은 후각과 청각의 감각들 못지않게, 시각의 대상들의 진실성을 우리에게 확신시킨다. 그 반면에 우리의 상상력도 감각도 만일 지성이 거기에 개입하지 않는다면, 우리에게 어떤 것에 대해서도 절대 확신시켜줄 수 없다.[62]

마지막으로, 내가 내세운 근거들에 의해서, 신과 그들 영

61　데카르트의 '생각하다'가 '이해하다', '원하다', '상상하다', '감각하다(느끼다)'를 포함한다는 것과 동일한 맥락이다.《철학의 원리》, I, 9항 참조.

62　알키에는 여기서 데카르트의 생각이 분명하지가 않다고 지적한다. 그는 데카르트가 감각이 자신의 대상에 대한 진리를 우리에게 확신시켜주는 것으로 보이지만 그렇지 않다고 본다. 하지만 데카르트는 감각 자체 역시 우리에게 확실성을 준다는 것을 인정한다.

혼의 존재에 충분히 설득되지 않는 인간들이 아직도 있다면, 그들이 아마 더 확실하다고 생각하는 다른 모든 것들, [즉, 그들이] 몸을 지니고 있다는 것, 천체들과 지구가 있다는 것 그리고 그런 부류의 것들이 덜 확실하다는 것을 그들이 잘 알아주었으면 좋겠다. 왜냐하면, 사람들이 그 사물들에 대해 도덕적 확신[63]을 지닐지라도, 그러한 것이, 도를 벗어나지 않 **38** 는다면, 사람들은 그것들에 대해 의심할 수 없는 듯싶기 때문이다. 어쨌든, 또한 사리에 어긋나지 않는다면,[64] 형이상학적 확실성이 문제일 때, 실제로는 그렇지 않지만, 사람들이 다른 몸을 지니고 있고, 다른 천체들과 다른 지구를 본다는 것을, 잠들어 있으면서, 동일한 방식으로 상상할 수 있다는 것에 주의했다는 것이 사람들이 그것들에 대해 전적으로 확신하지 않기 위해 부족함이 없는 주제라는 것을 부인할 수 없다. 꿈에서 생기는 생각들이 흔히 덜 생생하고 또렷하지 않으므로, 다른 생각들보다 더 거짓이라는 것을 실제로 어디에서부터 사람들은 아는가? 그래서, 가장 훌륭한 지성들이 기뻐하며 그것에 대해 아무리 많이 연구한다 하여도,

---

63 데카르트가 도덕적 확신과 형이상학적 확실성을 구분하고 있다는 점을 우리는 주목할 필요가 있다. 그리고 알키에가 언급했듯이 도덕적 확신은 이론적으로 확신함이 없이 실제적인 삶에서 충분한 경우를 말한다.(참조, FA., I, p. 610, 주, 1.)

64 바로 윗 문장에서 언급된 '도를 벗어나지 않는다면'에 대응되는 표현이다.

그들이 신의 존재를 미리 가정하지 않는다면, 나는 그들이 이 의심을 제거하기 위해 충분한 어떤 근거를 줄 수 있다고 믿지 않는다. 왜냐하면, 첫째로, 내가 조금 전에 규칙으로 취한 것, 즉 우리가 아주 뚜렷하게 그리고 아주 구별되게 받아들이는 것들이 모두 참이라는 것은, 신이 존재하거나 현존하고, 신은 완전한 존재이고, 우리 안에 있는 모든 것이 그한테서 나오므로 오직 확보될 뿐이기 때문이다. 그 결과 우리의 관념들이나 개념들은, 실제 사물들이고 신에서 생기니까, 그것들이 뚜렷하고 구별되는 모든 점에서, 단지 그 점에서 진리일 수 있을 뿐이라는 것이다. 따라서 우리가 거짓들을 포함하는 관념들이나 개념들을 상당히 자주 지닌다면, 그것들 안에 단지 애매하고 모호한[65] 어떤 것이 존재할 수 있어서다. 왜냐하면 그 점에서 관념들 또는 개념들은 무에 참여하기 때문이다, 즉 오직 우리가 전적으로 완전하지 않기 때문에, 그것들은 우리 안에서 그처럼 불명료하게 있기 때문이다. 그리고 거짓 또는 불완전함이 신에게서 생긴다는 것은, 진리 또는 완전함이 무에서 생긴다는 것 못지않게, 그 자체로서, 모순적임이 분명하다. 그러나 만일 우리가 우리 안에서 실재하고 참인 모든 것이 완전하고 무한한 존재로부터 온다는 것을

---

65 confus et obscur의 번역이다. '모호하고 애매한'이라는 번역이 가능하다. 하지만 우리말에 애매모호하다는 표현이 있어서 애매하고 모호하다는 번역을 사용한다. 이현복은 '혼란되고 막연한'으로 번역. (문예, 193쪽 참조)

전혀 알지 못했다면, 우리의 관념들이 뚜렷하고 구별되기 위해, 우리는 그것들이 참이라는 완전함을 지닌다는 것을 확신시켜주는 어떤 근거도 지니지 못했을 것이다.

그런데, 그처럼 신과 영혼에 대한 인식이 우리에게 그 규칙을 확실하게 만들어 준 이후, 우리가 자면서 상상하는 환영들은, 우리가 잠에서 깼을 때 지니고 있는 생각들의 진실성을 우리에게 결코 의심하지 못하게 한다는 점을 인식하기는 아주 쉽다. 왜냐하면, 심지어 자면서 사람이 매우 구별되는 어떤 관념을 지니는 일이 생긴다면, 예컨대 어떤 기하학자가 어떤 새로운 증명을 발명했다면, 그의 잠은 그 증명이 사실이라는 것을 막지 못하기 때문이다. 그리고 꿈들의 가장 통상적인 오류에 대해 말하자면, 그것은 우리 외적 감각들이 만드는 것과 동일한 방식으로 우리에게 다양한 대상들을 표상하는 데 있는데, 이것이 우리에게 그런 관념들의 진실성을 벗어나게 만드는 기회를 제공하는 것은 중요하지 않다. 왜냐하면, 우리가 잠들지 않고, 관념들은 우리를 상당히 자주 속일 수도 있기 때문이다. 황달이 걸린 이들이 모든 것을 노란색으로 보거나, 또는 아주 멀리 있는 천체들이나 다른 물체들이 우리에게는 그 자체보다 아주 작게 보이는 것처럼 말이다. 왜냐하면, 결국, 우리가 깨어있든 잠들어 있든, 우리는 오로지 이성의 명증성으로만 설득하게 내버려두어야만 하기 때문이다. 그리고 내가 우리의 이성에 대해 말하고 있지, 전혀 우리의 상상에 대해서도, 감각에 대해서도 말하는 것이 아니라는 것은 주목할 만하다. 우리가 아주 뚜렷하게 태양 **40** 을 보더라도, 태양은 우리가 단지 보는 만큼의 그 크기라고 그런 이유로 판단하지 말아야 하는 것과 같다. 그리고 산양 의 몸에 사자의 머리가 붙은 동물을 우리는 구별되게 잘 상 상할 수 있는데, 그런 이유로, 키마이라라는 동물이 이 세상 에 있다는 결론을 내릴 필요가 없는 것과 같다. 왜냐하면, 이 성은 우리에게 우리가 보거나 상상하는 것이 그처럼 진정으 로 존재한다고 전혀 명령하지 않기 때문이다. 그러나 이성은 우리에게 우리의 모든 관념들 또는 개념들이 진리의 어떤 토 대를 가지고 있어야만 한다고 강하게 명령한다. 왜냐하면 전 적으로 완전하고 전적으로 진실한 신이 우리 안에 관념들 또 는 개념들을 그것 없이 넣는다는 것은 불가능할 것이기 때문 이다. 그리고 우리의 추론들은 잠들어 있는 동안만큼이나 깨 어있는 동안에도, 때때로 우리의 상상이 그때 같은 정도로 또는 한층 더 생생하고 신속할지라도, 결코 아주 분명하지도 아주 온전하지도 않기 때문이다. 이성은 또한 우리가 완전무 결하지 않기 때문에, 우리의 생각들이 모두 진리일 수 없으 므로, 생각들이 진리를 지니는 것은 틀림없이 우리의 꿈속에 서보다 우리가 깨어있을 때, 생각들 속에서 발견되어야만 한 다고 명령한다.

5부

나는 여기서 그 최초의 원리들에서 연역한 다른 진리들의 연쇄 전체를 계속해서 추구하고, 보여준다면 더없이 기쁠 것이다. 그러나 그 결과를 위해서는, 학자들 사이에 논란이 되고 있는 많은 문제에 대해 내가 말하는 것이 지금 필요할 것인데, 나는 학자들과의 사이가 틀어지길 전혀 원하지 않기 때문에,[66] 자숙하는 편이 더 낫다고 믿는다. 그래서 대중이 훨씬 더 상세히 그것들에 대해 정보를 얻게 되는 것이 유용한지를 가장 현명한 사람들이 판단하도록, 나는 단지 어떤 문제들이 있는지 개괄적으로 이야기하고자 한다. 나는 방금 막 신과 영혼의 존재를 증명하기 위해 사용한 원리 외에 다른 어떤 원리도 가정하지 않도록, 그리고 이전에 행해진 기하학자들의 증명들보다 더 뚜렷하고 더 확실하게 나에게 보이지 않는 것은 어떤 것도 진리로 받아들이지 않도록, 내가 취했던 결심 상태에 항상 굳게 머물러 있었다. 그런데도 나는 외람되지만, 사람들이 철학에서 다루곤 하던 모든 중요한 난제들

---

66 데카르트가 스콜라철학자들에게 받아들여졌던 아리스토텔레스의 자연학을 거부한다는 점과 관련된다고 볼 수 있다.

에 대해, 내가 짧은 시간 안에 스스로 만족하는 수단을 발견했다는 것뿐만 아니라, 어떤 법칙들에도 주목했다는 것을 감히 말한다. 신이 이 법칙들을 자연 속에 너무나 잘 세우고, 우리의 영혼 속에 그런 관념들을 너무나 잘 각인시켜서, 우리는 그것을 충분히 성찰한 이후에 그것들이 존재하거나 세상 속에서 이루어지는 모든 것 속에서 정확하게 관찰되는 것을 의심할 수 없다. 그러고 나서, 그 법칙들에서 따라 나오는 일련의 것을 고찰하면서, 내가 이전에 배웠거나, 심지어 배우고자 했던 모든 것보다 더 유용하고 더 중요한 몇몇 진리들을 발견했던 듯싶다.

그러나 약간의 고려사항들이 출판하기를 방해한 개설서[67]에서 원리들을 설명하려고 노력했기 때문에, 그 책에 포함된 원리들을 여기서 간략하게 말하면서, 나는 그것을 좀 더 잘 인식시킬 수 있을 것이다. 나는 그것을 쓰기 이전에는, 물질적 사물들의 본성에 대해서 내가 안다고 생각하는 모든 것을 거기에 포함시키려는 계획이었다. 그러나, 어쨌든 화가는 입체 물체의 모든 다양한 면을 평평한 화폭에 동등하게 잘 표현할 수 없으므로, 화가는 오직 중요한 것들 가운데 하나를 선택하여 빛을 비추고, 다른 것들은 어둡게 해서, 사람들이 선택된 하나를 주시할 때 다른 것들을 볼 수 있는 한에서 그

---

67 《세계론》을 말한다.

것들을 나타나게 만든다. 그와 같이, 내 서설 안에 내 생각 속에 지닌 모든 것을 넣을 수 없다는 것이 염려되어, 빛에 대하여 내가 생각한 것을 꽤 충분히 드러내도록 단지 시도했다. 그러고 나서, 그 기회에 나는 태양과 항성들에 대한 무언가를 덧붙였다, 왜냐하면 [모든] 빛이 그것들에서 거의 모두 생기기 때문이다. 천공에 대해서는 그것들이 빛을 전달하기 때문이다. 행성, 혜성 그리고 지구에 대해서는, 그것들이 빛을 반사하기 때문이다. 특별히 지구상에 있는 모든 물체에 대해서는, 그것들이 존재하거나 채색되었거나 투명하거나 빛을 발하고 있기 때문이다. 그리고 마지막으로 인간에 대해서는, 인간이 그것들의 관람자이기 때문이다. 심지어 위와 같은 것들을 모두 약간 가리기 위해, 그리고 내가 그것들에 대해 판단한 것을 더 자유롭게 말할 수 있기 위해, 학자들 사이에서 받아들여진 견해들을 강제적으로 따르지도 반박하지도 않으면서, 나는 이 세계[68] 전체를 여기 그들의 논쟁에 내버려두고, 새로운 세계[69]에서 일어날 것에 대해서만 단지 말하기로 결심했다. 만일 신이 지금 상상적 공간 안에서, 어떤 새로운 세계를 구성하기 위한 충분한 물질의 어떤 부분을 창조했다면, 그래서 신이 그 물질의 여러 부분들을 다양하게 그

---

68 현재의 세계를 말한다.

69 《세계론》, IV 에서 역시 '새로운 세계'를 말한다.

리고 질서 없이 움직여서, 그 결과 신은 시인이 그려낼 수 있는 만큼 혼란스러운 혼돈을 그것에서 형성했다. 그리고 그 다음에, 신은 자연에 자신의 통상적인 협력을 제공하고, 그가 확립한 법칙들에 따라 자연이 움직이게 내버려 둘 뿐이었다. 그래서 우선 나는 그 물질을 묘사했고, 신과 영혼에 대해 방금 말해진 것을 제외하고, 내 생각에, 더 뚜렷한 것도 더 이해 가능한 것도 절대로 아무것도 없을 듯싶을 정도로 그렇게 그것을 나타내려고 노력했다. 왜냐하면 그 물질에는 사람들이 강단에서 논쟁하는 그런 형상들 또는 성질들이 없다고 나는 단호하게 가정했고, 그것에 대한 인식이 우리 영혼들에 너무나 자연스러워 사람들이 그것들을 모른 체 할 수조차 없는 그런 특징들을 그것에 있다고 일반적으로 가정했기 때문이다. 더구나, 나는 어떤 것들이 자연의 법칙들인지를 보여주었다. 그리고 신의 무한한 완전함 이외에 다른 어떤 원리에도 나의 근거들을 두지 않았으며, 사람들이 어떤 의심을 할 수 있는 모든 법칙들을 증명하려고 나는 노력했고, 신이 여러 세계를 창조했을지라도, 그 법칙들이 관찰되는 것이 없는 세계는 없을 거라는 것을, 있는 그대로 보여주려고 노력했다. 그러고 나서, 어떻게 이 혼돈의 물질 중 가장 커다란 부분이, 그 법칙들에 따라, 어떤 모종의 방식으로 배치되고 정리되어야만 하는지를 나는 보였는데, 이 방식은 물질을 우리 천공(天空)과 유사하게 만들었다. 그렇기는 하지만, 어떻게 그 물질의 일부가 지구를 형성해야만 했고, 어떤 부분은 유성과 혜성을, 그리고 다른 어떤 부분은 태양과 항성을 형성하게 되는지를 나는 보였다. 그리고 여기서 빛의 주제로 확대하면서, 나는 태양과 항성들 속에서 발견되어야 하는 빛은 어떤 것인지, 그리고 어떻게 거기에서부터 빛이 천공들의 거대한 공간들을 한순간에 가로지르고, 어떻게 빛이 유성들과 혜성에서 지구에 반사되는지를 아주 길게 설명했다. 그 설명에다 나는 실체, 위치, 운동들 그리고 이 천공과 천체의 다양한 모든 성질들에 대해 몇 가지를 또한 덧붙였다. 그래서 이 세계의 천공과 천체들에서, 내가 묘사한 세계의 그것들에서 아주 비슷하게 나타나지 않았어야 하거나, 또는 적어도 나타날 수 없는 것이 전혀 눈에 띄지 않는다는 것을 인식시키기 위해, 나는 그곳에서 충분히 말한 것으로 생각했다. 그에 따라, **44** 나는 특히 지구에 대해 [다음과 같이] 말하기에 이르렀다. 신이 지구를 구성하고 있는 물질 안에 어떤 중력도 넣지 않았다고 내가 단호하게 가정했음에도 불구하고, 어떻게 지구의 모든 부분이 그것의 중심을 정확하게 지향하지 않고는 못 배기는지 말이다. 어떻게 지구의 표면 위에 물과 공기가 있다고 해서, 천공과 천체 특히 달의 배치가, 우리 바다에서 눈에 띄는 그 모든 상황과 유사한 밀물과 썰물을 일으켜야만 하는지, 그리고 그것에 더해, 사람들이 열대지방들 사이에서 주목하는 흐름 그대로, 물과 마찬가지로 공기도, 해 뜨는 쪽에서 해지는 방향으로 어떤 모종의 흐름을 일으켜야만 하는지 말이다. [또한] 어떻게 산, 바다, 샘들 그리고 강들이 자연스럽게 지구에서 형성될 수 있었는지, [어떻게] 광물들이 광산 안에서 발생할 수 있었는지, 그리고 [어떻게] 식물들은 평원에서 성장할 수 있었는지 그리고 [어떻게] 사람들이 일반적으로 혼합된 또는 결합된 것들이라고 부르는 모든 물체가 거기에서 생성할 수 있는지에 대해 말이다. 그리고 다른 것들 가운데, 천체 다음으로 나는 이 세계에서 빛을 생산하는 것으로 불 이외에는 아무것도 인식하지 못했기 때문에, 불의 본성에 속하는 모든 것을 나는 뚜렷하게 잘 이해시키려고 연구했다. [즉], 어떻게 불이 생기는지, 어떻게 커지는지, 어떻게 불은 때때로 빛없이 열만을 지니고, 때때로 어떻게 열없이 빛만을 지니는지, 어떻게 불은 다양한 물체들에 다양한 색깔들과 다양한 다른 성질들을 도입할 수 있는지, 어떻게 불은 어떤 것들은 녹이고, 어떤 것들은 단단하게 만드는지, 어떻게 불은 물체들을 거의 모두 소각시킬 수 있는지, 또는 재와 연기로 변환시킬 수 있는지, 그리고 마지막으로 자신의 작용의 유일한 격렬함에 의해서, 어떻게 불이 그 재에서 유리를 형성하는지 말이다. 왜냐하면, 그 재에서 유리로의 변환은 나에게 자연에서 일어나는 다른 어떤 것 못지않게 역시 놀랍게 보여서 그 변환을 묘사하는 것이 나는 특별히 즐거웠기 때문이다.

그렇기는 하지만 나는 이 모든 것에서 이 세계가 내가 가정했던 방식으로 창조되었다고 추론하고 싶지 않았다. 왜냐하면, 태초부터 신은 세계가 있어야만 했던 있는 그대로 세계를 만들었다는 것이 훨씬 더 진실임 직하기 때문이다. 그러나 신이 세계를 지금 보존하는 작용은 신이 세계를 창조한 작용과 전적으로 동일한 것이라는 것은 확실하고, 신학자들 사이에서 공통적으로 받아들여진 견해이다. 그 결과 태초에 신이 세계에 혼돈의 형상 외에 다른 형상을 전혀 부여하지 않았을지라도, 신이 자연의 법칙을 세웠으며, 신이 자연이 습관처럼 작동하도록 하기 위해 자연에 자신의 협력을 제공한 이상, 사람들은 창조의 기적에 지장을 주지 않고, 단지 그것에 의해만 순전히 물질적이기만 한 모든 사물들은 시간이 흘러감에 따라, 우리가 현재 그것들을 보고 있는 그대로되게 할 수 있었을 것이라고 믿을 수 있다. 그리고 물질적인 사물들의 본성은, 그것들을 단지 완성된 형태로 고려할 때보다 점차 그런 식으로 발생하는 것을 사람들이 볼 때, 더 받아들이기가 쉽다.

　나는 무생물들과 식물들에 대한 서술에서 동물들, 특히 인간들에 대한 서술로 넘어갔다. 그러나 내가 그 밖의 것들에 대해 [서술했듯이] 동일한 양식으로, 즉 결과를 원인으로 증명하고, 어떤 씨앗들에서 그리고 어떤 방식으로 자연이 그것들을 산출해야만 하는지를 보여주면서, 그것들에 대해 말하기 위한 충분한 지식이 아직 없었기 때문에, 나는 다음을 가

46 정하는 것으로 만족했다. 신은 인간의 몸을, 신체 기관들의 내적 구조에서도 사지들의 외적인 모습에서도 우리 가운데 하나와 완전히 유사하게 형성했는데, 내가 서술했던 질료 이외 다른 것으로는 몸을 구성하지 않았다. 그리고 최초에 신은 몸에 어떤 이성적 영혼도, 식물적인 혹은 감각적인 영혼의 구실을 하기 위한 다른 어떤 것도 넣지 않았는데, 몸이 그 심장에서 내가 이미 설명했던 빛이 없는 그 불들 가운데 하나를 자극했다는 것을 제외하고. 그래서 사람들이 꼴을 건조하기 전에 밀폐시켰을 때 꼴을 발효하게 하는 불이나, 포도알이 짓이겨진 포도송이가 발효하게 두었을 때 새 포도주를 끓게 하는 불과 다른 본성이라고 나는 전혀 받아들이지 않았다. 왜냐하면 이러한 몸 안에서 그것에 이어서 있을 수 있는 기능들을 검토하면서, 나는 우리 안에 있을 수 있는 모든 기능들을 정확하게 발견했기 때문이다. 그리고 이 기능들은 우리가 그것에 대해 생각함이 없이도, 그리고 결과적으로 영혼, 즉 본성이 단지 생각하기인 우리가 위에서 말했던 몸에서 구별되는 그 부분이 기여하는 것 없이도, 우리 안에 있을 수 있다. 이 기능들은, 사람들이 이성 없는 동물들이 우리와 유사하다고 말할 수 있다는 점에, 모두 동일한 것들이다. 그러나 나는 생각에 의존하며, 인간인[70] 한에서 우리에게 속하

---

70   데카르트는 동물과 구분되는 인간의 본성을 말하고자 한다.

는 유일한 기능들의 어떤 것도, 그런 이유로 그것에서 발견할 수 없었다. 반면에 나는, 신이 이성적인 영혼을 창조했고, 내가 서술한 어떤 모종의 방식으로 이 몸에 영혼을 결합했다고 가정했으므로, 이후에 거기에서 이 모든[71] 것을 발견했다.

그러나 사람들이 내가 이 소재를 어떤 방식으로 다루었는지를 볼 수 있게 하려고, 나는 심장과 동맥들의 운동에 대한 설명을 여기에 기입하고자 한다. 심장과 동맥들의 운동은 사람들이 동물 속에서 관찰하는 첫 번째이고, 가장 널리 퍼진 운동이어서, 그 밖의 다른 모든 것들에 대해서 사람들이 생각해야만 하는 것을 그것에 따르면 쉽게 판단할 것이다. **47** 그리고 사람들이 내가 말하는 것을 이해하는 데 덜 어려움을 갖게 하려고, 이것을 읽기 전에 해부학에 전혀 빠진 적이 없었던 이들은, 자신들 앞에 폐를 가진 어떤 큰 동물의 심장을 자르게 하는 수고를 했으면 한다. 왜냐하면 그런 동물의 심장은 인간의 심장과 모든 점에서 아주 유사해서, 심장에 있는 두 방이나 심실들을 보이도록 하기 때문이다. 우선, 심장의 오른쪽에 있는 심실에는 아주 넓은 두 관이 연결되어 있다. 즉 피의 중요한 집합소인 대정맥이며, 몸의 모든 다른 정맥들은 나뭇가지들인 한 나무의 줄기와 같다. 그리고 동맥성

---

71 AT엔 빠져 있는 단어다.

정맥[72]이 있는데, 실제로는 동맥이기 때문에, 잘못 불렸으며, 심장에서 발원하여, 거기에서 나온 후에, 많은 가지로 나뉘어서, 폐의 모든 부분에 펼쳐지게 된다. 그다음, 심장의 왼쪽에 있는 심실에는, 앞에서 말한 것들과 같은 정도이거나 더 넓은 두 관이 동일한 방식으로 연결되어 있다. 즉, 정맥성 동맥은,[73] 이 역시 잘못 불렸는데, 그것은 다름 아닌 폐에서 오는 정맥이기 때문이다. 정맥은 많은 가지들로 나뉘는 폐에서 나오는데, 동맥성 정맥의 가지들과 숨 쉬는 공기가 들어오는, 사람들이 목구멍이라 부르는 이 관의 가지들과 서로 얽혀져 있다. 그리고 대동맥은 심장에서 나오는데, 신체 모든 부분에 자신의 가지들을 보낸다. 나는 또한, 그렇게 작은 문들처럼 두 개의 심실에 있는 네 개의 구멍을 여닫는, 열한 개의 작은 판막들을 그들(해부학에 빠져 본 적이 없는 이들)에게 세밀하게 보여주었으면 한다. 즉, 세 판막이 대정맥의 입구에 아주 잘 배치되어서, 대정맥에 포함된 피가 심장의 우심실로 흐르는 것을 조금도 방해할 수 없으나 그래도 피가 우심실에서 나갈 수 없게 정확하게 막는다. 동맥성 정맥의 입구에 있는 세 판은 전적으로 그와 반대로 배치되어서, 우심실에 있는 피를 폐 안으로 쉽게 흘러가게 하지만 폐 안에 있는 피가

48

---

72 폐동맥을 말한다.

73 폐정맥을 말한다.

거기로 되돌아가는 것을 허락하지 않는다. 그처럼 정맥성 동맥의 입구에 있는 두 다른 판막들은 폐에 있는 피를 심장의 좌심실로 향해 흐르도록 내버려두지만 피가 되돌아오는 것을 막는다. 그리고 대동맥 입구의 세 판막은 심장에서 피가 나오는 것은 허락하지만, 그곳으로 되돌아가는 것은 가로막는다. 그리고 그 판막의 수에 대해서는 정맥성 동맥의 입구가, 그것이 접촉하는 장소 때문에 달걀형이어서, 두 개를 가지고 편리하게 닫힐 수 있고, 반면에 다른 것들은 둥글어서, 입구는 세 개로 더 잘 닫을 수 있다는 것 외에 다른 이유를 찾는 것은 전혀 필요하지 않다. 그에 더해, 나는 사람들이 다음을 고찰했으면 한다. 대동맥과 동맥성 정맥은 정맥성 동맥과 대정맥보다 훨씬 질기고 단단한 구성이다. 그래서, 그 후자 두 개는 심장에 들어가기 전에 확장되고, 심이라 불리는 두 개의 주머니처럼 되는데, 이것들은 심장의 살과 유사한 것으로 구성된다. 그리고 심장에는 몸의 다른 어떤 장소에서보다 항상 더 많은 열기가 있다. 그리고 마지막으로 이 열은, 만일 피 한 방울이 심실로 들어간다면, [이 열로 인해] 그것은 급속하게 부풀고 팽창하게 할 수 있다. 마치 사람들이 액체들을 아주 뜨거운 어떤 그릇에 한 방울씩 떨어뜨렸을 때, 모든 액체들이 일반적으로 [그렇게] 하는 것처럼 말이다. **49**

왜냐하면, 그 이후에, 심장의 운동을 설명하기 위해서 다음을 제외하고 나는 다른 것을 이야기할 필요가 없기 때문이다. 심장의 심실들이 피로 가득하지 않을 때, 피는 대정맥에서 오른쪽 심실 안으로 반드시 흘러가고 정맥성 동맥에서 왼쪽 심실로 흘러간다. 이 두 혈관은 항상 피로 가득 차 있으므로, 심장을 향해 있는 입구들은 그때 가로막힐 수 없다. 그러나 피 두 방울이 이처럼 심실 가운데 각각 하나로 들어가자마자, 그 방울들은 아주 커질 수밖에 없는데, 피 두 방울이 통과해 들어가는 입구가 매우 넓고, 핏방울이 나오는 혈관들은 아주 피가 가득하여서 그 방울들은 희박해지고 팽창하기 때문이다. [이것은] 핏방울들이 거기에서 발견하는 열 때문인데, 이것을 이용해서 피 두 방울이 심장 전체를 부풀게 하면서, 핏방울이 흘러온 두 개의 혈관으로 이어지는 입구에 있는 다섯 판막을 밀고 닫는다. 심장으로 피가 더 많이 내려가지 않게 그처럼 막으면서 말이다. 그리고 점점 더 지속해서 희박해지며, 핏방울들은 그것들이 흘러나온 다른 두 관의 입구에 있는, 다른 여섯 개의 작은 문을 밀고 연다. 이런 방식으로 동맥성 정맥과 대동맥의 모든 가지를 심장과 거의 동시에 팽창하게 하면서 말이다. 즉시 그 이후, 동맥들 또한 부기가 빠지듯이, 심장은 부기가 가라앉는데, 그곳에 들어간 피가 식기 때문이다. 그리고 그것들의 여섯 개의 문이 다시 닫힌다. 대정맥과 정맥성 동맥의 다섯 판막은 다시 열고, 피의 다른 피 두 방울에 통로를 제공하는데 이 두 방울의 피는 순간적으로 앞엣것들과 마찬가지로, 심장과 동맥을 또 한 번 팽창하게 한다. 그리고 왜냐하면 그처럼 심장으로 들어가는 피는 사람들이 심이라 부르는 이 두 주머니를 통과하기 때문에, 심이의 운동이 심장의 운동과 반대가 되어, 심장이 팽창할 때 그것들이 부기가 빠지는 것이다. 게다가, 수학적 증명의 힘을 인식하지 못하고, 진실(사실)임 직한 것들에서 진정한 근거들을 가려내는 데 익숙하지 못한 이들이, 그것을 검토하지 않고 이 설명을 부정하는 위험을 무릅쓰지 않도록 나는 그들에게 다음을 경고하고 싶다. 내가 지금 막 설명한 그 운동은, 마치 시계의 운동이 추와 바퀴의 힘, 위치, 형태에서 필연적으로 따라 나오는 것과 마찬가지로, 사람들이 눈으로 볼 수 있는 심장 기관들의 배치 단 하나에서, 그리고 사람들이 손으로 느낄 수 있는 심장에 있는 열에서, 그리고 사람들이 실험을 통해 인식할 수 있는 피의 본성에서 필연적으로 따라 나온다고 말이다.

그러나 만일 사람들이 어떻게 정맥의 피가 심장 안으로 그처럼 지속적으로 흐르면서 전혀 고갈되지 않는지, 그리고 심장을 통과하는 모든 피가 동맥들로 갈 것인데, 어떻게 동맥들은 피로 절대 넘치지 않는지를 묻는다면, 나는 영국의 한 의사[74]가 이미 썼던 글 외에 다른 것을 대답할 필요가 없다. 그리고 이 영국 의사에게, 이 힘든 일에서 실마리를 풀고,

---

74 하비(Harvey)를 말한다.

다음을 가르친 첫 번째라는 찬사를 보낼 필요가 있다. [즉] 동맥들의 끝에는 여러 작은 통로들이 있는데, 그곳을 통해 심장으로부터 동맥들이 받아들이는 피는 정맥의 작은 가지들로 들어가고, 여기에서부터 피는 심장을 향해 다시 한 번 돌

51 아간다. 그래서 피의 흐름은 지속적인 순환 외에 다른 것이 아니다. 그는 외과 의사들의 통상적인 실험으로 다음과 같은 내용을 아주 잘 증명하였다. 팔을 보통보다 세게, 정맥을 여는 장소보다 위쪽을 묶으면, 팔을 전혀 묶지 않는 경우보다 피는 거기에서 더 풍부하게 나온다. 그리고 만일 사람들이 손과 입구 사이, 팔 아래쪽을 묶는다면, 또는 그들이 팔을 매우 세게 입구 위쪽을 묶는다면, 그 반대가 일어날 것이다. 왜냐하면, 적당하게 꽉 묶인 끈은 팔 안에 이미 있는 피가 정맥을 통해 심장으로 되돌아가지 못하게 막을 수 있으며, [신선한 피가] 동맥들을 통해 계속해서 오는 것을 그런 이유로 막지 못하는 것은 명백하기 때문이다. [그것은] 동맥들이 정맥들의 아래에 위치하고, 동맥들의 막은 더 단단하여 압박하기가 덜 쉽고, 또한 심장에서 오는 피는 정맥을 통해 심장을 향해 돌아가는 것보다 동맥들을 통해 손으로 더 힘차게 통과하는 경향이 있기 때문이다. 그리고 이 피는 정맥들 가운데 하나에 있는 입구를 통해 팔에서 나오므로, 그 끈의 아래쪽에, 즉 팔의 끝을 향해서 약간의 통로가 필연적으로 반드시 있어야 하는데 이곳을 통해 피가 그곳으로 동맥을 오도록 할 수

있을 것이다. 영국 의사는 또한 피의 순환에 대해 한 말을 어떤 작은 판막을 통해 아주 잘 증명한다. 이들 작은 판막들은 정맥을 따라서 다양한 장소에 아주 잘 배치되어서, 그것들은 피를 신체의 가운데(허리)에서 말단으로 통과하는 것을 전혀 허락하지 않지만, 단지 말단에서 심장으로 되돌아가게 허락한다. 그리고 이에 더해, 영국 의사는 몸 안에 있는 모든 피는 그것에서 단지 단 한 동맥을 통해 아주 짧은 시간에 나올 수 있다는 것을, 보여주는 실험으로 아주 잘 증명한다. 동맥이 절단되었을 때, 또는 심지어 동맥이 심장 아주 가까이에 단단히 묶여 있고 심장과 끈 사이에서 절단되었을지라도 말이다. 그래서 동맥에서 나왔던 피가 심장이 아닌 다른 것에서 52 온다고 사람들이 상상할 아무런 이유도 없다.

그러나 이 피 운동의 진정한 원인은 내가 말했던 원인이라는 것을 증명하는 다른 사실 몇 가지가 있다. 가령, 우선, 정맥에서 나오는 피와 동맥에서 나오는 피 사이에 사람들이 주목하는 차이가 단지 피가 희박해지는 것에서 생길 수 있을 뿐이니까, 그리고 심장을 통과하면서 정제된 것이니까, 피는 심장으로 들어가기 약간 전 즉, 정맥 안에 있을 때보다, 나온 즉시 즉, 동맥들 안에 있을 때, 더 미세해지고 더 활력 있어지고 더 따뜻하다. 그리고 주의해서 보면, 사람들은 이 차이가 심장의 부근에서는 잘 나타나고 심장에서 가장 멀리 있는 그런 장소에서는 그렇게 나타나지 않는다는 것을 발견할 것이다. 그다음에, 동맥성 정맥과 대동맥을 구성하는 막의 단단함은, 피가 정맥보다 막들에 더 힘 있게 부딪치고 있다는 것을 충분히 보여준다. 그리고 왜 심장의 좌심실과 대동맥은 우심실과 동맥성 정맥보다 더 넓고 큰가? 그것이 정맥성 동맥의 피에 지나지 않았을 뿐이라면 심장을 통해 통과한 이후 폐 안에 단지 있었으므로, 대정맥에서 직접적으로 오는 피보다 더 미세하고 더 세게 그리고 더 쉽게 희박해진다. 그리고 의사들이 맥박을 짚으면서, 만일 피의 성질이 바뀌는가에 따라, 심장의 열에 의해 그것이 이전보다 더나 덜 세게, 그리고 더나 덜 빠르게 희박하게 될 수 있다는 것을 그들이 알지 못한다면, 무엇을 짐작할 수 있다는 것인가? 그리고 만일 사람들이 어떻게 그 열이 몸의 다른 부위들에 전해지는지를 검토한다면, 그것이 심장을 통과하면서, 거기에서 데워지고, 거기에서부터 몸 전체로 퍼지는 피의 방식에 의해서라고 인정해야 하는 것이 아닌가? 그 결과, 만일 사람들이 어떤 부분의 피를 제거한다면, 사람들은 그 부분에서 동일한 방식으로 열을 제거하는 것이다. 그리고 비록 심장이 불에 달군 쇠만큼 뜨거울지라도, [만일 심장이 하듯이] 그곳으로 새로운 피를 계속해서 보내지 않는다면, 그것이 한 만큼 발과 손을 다시 데우기 위해 충분하지 않았을 것이다. 그다음에 또, 사람들은 이것으로부터 다음을 인식한다. 호흡의 진정한 용도는 폐에 신선한 공기를 충분히 가져오는 데 있다. 피가 희박하게 되고 증기 상태처럼 변한, 심장의 우심실에서 그곳으로 오는 피가 좌심실 안으로 다시 돌아가기 전에 다시 한 번 짙어지고 변환되게 하기 위해 말이다. 그렇지 않으면 심장에 있는 불에 양분이 되기에 피는 적절할 수 없을 것이다. 그것은 다음에서 확실해진다. 왜냐하면, 폐가 전혀 없는 동물들은 심장 안에 단 하나의 심실만을 또한 지니고 있고, [아직 태어나지 않은] 새끼들이 어미의 배에 갇혀 있는 동안, 폐를 사용할 수 없는 새끼들은 하나의 입구를 지니고 있는데, 이것을 통해 심장의 좌심실로 대정맥의 피가 흐르고, 그리고 관을 지니고 있어 이것을 통해 동맥성 정맥이 폐를 통하지 않고 대동맥으로 오는 것을 사람들은 목격하기 때문이다. 그다음에 만일 심장이 동맥들을 통해 그곳으로 열을 보내지 않는다면, 그리고 우리가 그곳에 집어넣은 음식물을 분해하는 것을 돕는 피의 가장 유동적인 부분들 가운데 몇몇을 보내지 않는다면, 음식물의 소화, 그것이 어떻게 위에서 일어나겠는가? 그리고 만일 심장을 통과하고 재통과하면서 아마도 날마다 백 번이나 이백 번 이상 정제된다는 것을 사람들이 고려한다면, 이 음식물들의 즙을 피로 전환하는 작용을 인식하기가 쉽지 않겠는가? 그리고 사람들은 영양섭취와 몸 안에 있는 다양한 분비액의 **54** 생산을 설명하기 위해서, 다음과 같은 것을 말하는 것을 제외하고, 다른 무엇이 더 필요한가? 피가 희박해지면서, 심장에서 동맥의 말단을 향하는 피의 힘은 그 부분들[피]의 일부를 그것들[피]이 있게 되는 사지의 각 부분들 사이에 멈춰 서게 하는데 그곳에서 피의 일부가 서로 만나고, 그것들이 그곳에서 몰아내는 어떤 다른 것들이 자리를 차지하게 된다. 그리고 피의 일부분들은 그것들이 만나는 기공들의 위치 또는 형태 또는 작음에 따라 다른 부분보다 어떤 장소로 흘러가는데, 마치 다양하게 구멍이 뚫려 있어서 체가 다양한 곡식 낟알들을 서로 분리하는 데 사용하는 것과 동일한 수법으로 말이다.[75] 그리고 마지막으로 이 모든 것에서 좀 더 주목할 만한 것, 그것은 동물 정기의 생성이다. 동물 정기는 아주 미세한 바람 또는 차라리 아주 순수하고 아주 강렬한 불꽃과 같은 것인데, 심장에서 뇌 안으로 매우 풍부하게 지속적으로 솟아오르면서, 거기에서 신경들을 통해 근육들 안으로 가게 되고, 모든 사지에 움직임을 준다. 가장 활동적이고 가장 침투력이 있고, 그 정기들을 구성하는 데 가장 적절한 피의 부분들은, 다른 곳보다 오히려 뇌를 향해서 가게 하는데, 거기로 정기들을 가지고 가는 동맥은 전체에서 가장 일직선으로 심장에서 오는 동맥이라는 것을 제외하고 다른 이유를 상상할 필요가 없다. 그리고 자연의 규칙들과 동일한 기계장치의 규칙들에 따라, 많은 것들이 모든 것을 위한 충분한 자리가 없는 한 동일한 장소를 향해 함께 움직이고자 하는 경향

---

75 원문에서는 바로 이 문장 끝에 물음표가 붙어 있다.

이 있을 때, 심장의 좌심실에서 나온 피 일부분이 뇌를 향하
는 것과 같이, 가장 약하고 덜 동요된 것들이 가장 강한 것들
에 의해 방향을 바꾸어야만 하게 되는데, 이 방식으로 뇌로
흘러가게 된다.

나는 이 모든 것들을 이전에 내가 출판하려고 계획했던
개설서에서 충분히 상세하게 설명했다. 이어서 나는 동물 정
기가 몸 안에 있으면서, 몸의 사지를 움직이는 데 [충분한] 힘
을 지니게 하기 위해, 인간 몸의 신경들과 근육들이 어떤 구
조를 가져야만 하는지를 거기서 보여주었다. 마치 머리들이
잘린 후에도, 더는 살아있지 않음에도 불구하고, 여전히 움
직이고 땅을 물어뜯는 것을 사람들이 목격하는 것과 같이 말
이다. [나는 또한 다음과 같은 것을 보여주었다] 깨어있음, 잠 그리고
꿈들을 유발하기 위해서, 어떤 변화들이 뇌에서 일어나야만
하는지. 어떻게 빛, 소리, 냄새, 맛, 열 그리고 외부 대상의 다
른 성질들이 감각의 매개로 뇌에 다양한 관념들을 새길 수
있는지. 어떻게 배고픔, 갈증, 그리고 다른 내적 정념들이 뇌
에 그것들의 관념을 역시 보낼 수 있는지. 이 관념들을 받아
들이는 곳인, 공통 감각[76]을 위해서 뇌의 어떤 부분이 취해져

76　일반적으로 오감은 인간 몸의 다섯 기관과 연관된 것으로 아리스토텔
레스 이래로 받아들여진다. 이에 반해 아리스토텔레스는 공통 감각의 자리
를 몸 안에 부여하지 않는다. 데카르트에게 처음으로 공통 감각의 자리가
뇌(송과선)에 부여된다. 공통감각은 "다른 감각들의 인상들을 결합하는 감
각이다." Descartes, *Discours de la méthode,* présentation et dossier par Laurence

야만 하는지. 관념들을 보존하는 기억을 위해서는 어느 부분을 취해야 하는지. 그리고 상상력을 위해서는 어느 부분을 취해야 하는지를 보여주었다. 상상력은 관념들을 다양하게 변화시킬 수 있고, 관념들을 새로운 것들로 구성할 수 있고 동일한 방식으로, 근육들 안에 동물 정기들을 나누어주면서 그 몸의 사지를 그만큼 다양한 형태로 움직이게 하는데, 감각들에 나타나는 대상들과 몸 안에 있는 내적 정념들에 대하여, 의지가 우리 몸의 사지들을 이끌지 않음에도 우리 몸의 사지를 움직일 수 있는 것과 마찬가지이다. 등뼈, 근육, 신경, 동맥, 정맥 그리고 각 동물의 몸 안에 있는 다른 모든 부분들의 다수와 비교해서, 인간의 솜씨는 매우 적은 부분만을 사용해서 얼마나 다양한 *자동 기계들*[77] 또는 움직이는 기계들을 만들 수 있는지를 알아서, 이 몸을 기계처럼 고려할 이들에게는 전혀 이상해 보이지 않을 것이다. 이들은 신의 손에 의해 만들진 이 몸을 인간이 발명할 수 있는 그 어떤 기계보다 비교할 수 없을 정도로 잘 질서 지워졌고, 그리고 그 어떤 것보다도 더 감탄할만한 운동을 그 안에 지니는 기계처럼 고려할 것이다.

　그리고 나는 여기서 다음을 보여주려고 특히 주의를 집

Renault, GF Flammarion, 2000, p.91. 주 2.

77　데카르트가 원본에서 이탤릭체로 강조했다.

중했다. 만일 원숭이 혹은 이성이 없는 다른 동물의 기관들과 외양을 지닌 그런 기계들이 있다면, 우리는 그 기계들이 [모든 면에서] 그 동물들과 동일한 본성을 지니지 않을 거라는 것을 식별하기 위한 어떤 수단도 가지고 있지 않을 것이다. 반면에 그런 기계들이 우리 몸과 유사함을 지니고 있고, 도덕적으로 가능한 한 [가깝게] 우리의 행위를 같은 정도로 모방했다면, 우리는 그것들이 그런 이유로 진정한 인간[78]이 전혀 아니라고 식별하기 위해 아주 확실한 두 가지 수단들을 여전히 지닐 것이다. 첫 번째는 기계들은, 우리가 우리 생각들을 다른 사람들에게 표명하기 위해 하듯이, 언사를 결코 사용할 수도, 다른 기호를 구성하면서 사용할 수도 없다는 것이다. 왜냐하면, 어떤 기계가 [너무나 잘 만들어져서] 언사를 큰 소리로 말하고, 심지어 그 기계가 자신의 기관들에 어떤 변화를 불러일으키는 물리적 작용에 상응하는 몇 가지를 큰 소리로 말하는 것을 사람들이 생각해낼 수 있기 때문이다. 마치 사람들이 기계의 어떤 부분에 손을 대면, 그 기계가 사람들이 그에게 원하는 것을 묻고, 또 다른 곳을 만지면 사람들이 그에게 아프게 한다고 목청을 높이고, 그와 비슷한 것들처럼 말이다. 그러나 그러한 기계는, 사람들 가운데 가장 우둔한 이들도 할 수 있는 것처럼, 자기 얼굴 앞에서 말해질 모든 것 **57**

---

78 데카르트가 인간(l'homme)과 진정한 인간(le vrai homme)을 구분하는 데 주목할 필요가 있다.

에 의미 있는 대답을 하기 위해서, 언사를 다양하게 정리하는 것은 아니다. 두 번째는, [그러한] 몇 가지를 우리 가운데 어떤 사람이 하는 정도로 잘 또는 더 잘할 수 있을지라도, 그 기계들은 다른 점에서 반드시 실패할 것인데, 이점에 의해 사람들은 기계들이 인식에 의해서가 아니라 단지 그것들 기관들의 배치에 의해서 움직인다는 것을 발견할 것이라는 데 있다. 왜냐하면, 이성은 모든 종류의 접촉에서 사용할 수 있는 보편적 도구인 반면에, 이 기관들은 각각의 특수한 작용을 위해서 어떤 특별한 배치가 필요하기 때문이다. 그 결과 삶의 모든 [우발적인] 상황에서 우리의 이성이 우리에게 행동하게 하는 것과 마찬가지로 기계를 움직이게 하기 위한, 충분히 다양한 기관들이 기계에 있다는 것은 도리상 불가능하다.

그런데 이 두 가지 동일한 수단으로, 우리는 인간과 짐승 사이에 있는 차이를 또한 인식할 수 있다. 왜냐하면 아주 우둔하거나 아주 어리석어서, 여기엔 미친 사람들조차 제외하지 않고, 다양한 언사를 한꺼번에 정돈할 수 없고, 자기 생각을 이해시키도록 하는 연설을 구성할 수 없는 사람이 전혀 없다는 것은 매우 주목할 만한 것이기 때문이다. 그 반대로, 존재할 수 있는 한에서 그토록 완전하고 잘 갖추고 태어났을지라도, 비슷한 것을 하는 다른 동물은 전혀 없다. 짐승들이 필요한 기관들을 결핍하고 있어서 이것은 일어나지는 않는다. 왜냐하면, 사람들은 까치와 앵무새가, 우리처럼 언사를 큰 소리로 말할 수 있지만, 그럼에도 불구하고 우리처럼, 즉 그것들이 이야기하고[79] 있는 것을 생각한다는 것을 증명하면서, 말할 수 없다는 것을 감지하기 때문이다. 반면에 귀머거리와 벙어리로 태어나서 다른 사람들에게 말하기 위해 사용되는 기관들이 짐승들과 같은 정도로 또는 그 이상으로 더 결여된 사람들은, [보통] 그 자신들이 어떤 기호들을 발명하곤 하는데, 이것들을 통해 그들은 자신들과 통상적으로 함께 있으며 그들의 언어를 배울 여유가 있는 이들에게 자신들을 이해시킨다. 그리고 이 점은 짐승들이 인간들보다 이성을 덜 지니고 있다는 것뿐만 아니라, 짐승들이 이성을 전혀 지니고 있지 않다는 것을 증거한다. 왜냐하면, 말하기를 알기 위해서는 단지 아주 적은 이성이 필요하다는 것을 사람들은 감지하기 때문이다. 그리고 사람들은 인간들 사이에서와 마찬가지로 동일한 종의 동물들 사이에서 [그만큼이나 많은] 불평등을 그리고 어떤 것들은 다른 것들보다 더 훈련시키기 쉽다는 것을 주목하므로, 자신의 종 가운데 가장 완벽한 원숭이나 앵무새가 가장 우둔한 이들 가운데 한 아이 또는 적어도 혼란된 뇌를 지닌 아이와, 만일 그것들의 영혼이 본성에 있어서 우리의 영혼과 완전히 다르지 않았다면, 그 점에서 필적하지

58

---

79 dire의 번역이다. 역자는 parler 말하다와 구분하기 위해 이야기하다로 번역한다.

못한다는 것을 믿을 수 없다. 그리고 정념들을 증거하며 그리고 동물들 못지않게 기계들에 의해서도 모방될 수 있는 자연적인 움직임과 언사들을 사람들은 혼동해서는 안 된다. 몇몇 고대인들처럼[80] 비록 우리가 그들의 언어를 이해하지 못할지라도, 짐승들이 말을 한다고 생각해서도 안 된다. 왜냐하면, 그것이 사실이었다면, 그땐 짐승들이 우리의 것들과 유사한 여러 기관을 지니고 있으니까, 짐승들은 자신들의 동류들만큼이나 우리에게도 자기들을 이해시킬 수 있었을 것이기 때문이다. 자신들의 행동 가운데 몇 가지에서 우리보다 더 뛰어난 솜씨를 증거하는 여러 동물들이 있을지라도, 사람들은 동일한 동물들이 다른 많은 행동에서 전혀 그런 것을 증거하지 않음을 어쨌든 감지한다는 것 또한 매우 주목할 만한 일이다. 그 결과 동물들이 우리보다 더 잘한다는 것이 동물들이 정신을 지니고 있다는 것을 입증하지 않는다. 왜냐하면, 그런 조건이라면, 동물들은 우리 가운데 누구보다도 정신을 더 갖고 있고, 모든 일에서 더 잘할 것이기 때문이다. 그러나 오히려 동물들은 정신을 전혀 지니고 있지 않고 그들 안에서 움직이는 것은 자신들의 기관들 배치에 따른 바로 그 본성이다. 그래서, 사람들이 단지 바퀴와 태엽으로 구성된 것일 뿐인 시계가 아주 신중을 기하는 우리보다도 더 정확하

---

80 알키에에 의하면 데카르트가 암시하는 이가 Lucrèce다. (FA., I, p. 631. 주 1.)

게 시간을 계산하고 시기를 측정할 수 있는 것에서 보는 것과 마찬가지다.

그러고 나서, 나는 이성적 영혼을 서술했고,[81] 내가 말했던 다른 것들과 마찬가지로, 이성적 영혼은 어떤 식으로든 물질의 역량에서 조금도 끌어낼 수 없으나, 그것은 명백하게 창조된 것이어야만 한다는 것을 보였다. 그리고 어떻게 이성적 영혼이, 선원이 자신의 배 안에 있는 것처럼, 아마도 자신의 사지를 움직이기 위한 것을 제외하고, 인간의 몸 안에 거주하는 것으로는 충분하지 않은지를 보였다. 그러나 그 점 이외에도 우리의 것들과 유사한 감정들과 욕구들을 지니고, 이처럼 진정한 인간을 구성하기 위해서, 이성적 영혼은 몸과 아주 긴밀하게 결합해야 하고 통합되어야 하는 것이 필요하다. 게다가 나는 여기서 영혼의 주제에 대해 약간 더 상술했는데, 그것은 아주 중요하기 때문이다. 왜냐하면, 내가 위에서 충분히 반박했다고 생각하는 신을 부인하는 이들의 오류 다음에, 짐승들의 영혼이 우리의 영혼과 동일한 본성이라고 상상하는 것, 그래서 결과적으로 우리는 이 삶 이후에 파리와 개미보다도 더 두려워할 것도 희망할 것도 전혀 없다는 것을 상상하는 것보다, 덕의 올바른 길에서 연약한 정신을 벗어나게 하는 것은 전혀 없기 때문이다. 반면에 사람들

---

81 여기서 데카르트가 말하는 《인간론》의 부분은 더 이상 전해오지 않는다.

은 얼마나 우리의 영혼과 짐승들의 영혼이 다른지를 알 때, 우리의 영혼이 몸과 완전하게 독립된 본성이고, 결과적으로 영혼은 몸과 함께 죽는 주체가 전혀 아니라는 것을 증명하는 60 근거들을 더 잘 이해한다. 그다음에 사람들은 영혼을 파괴하는 다른 어떤 원인도 전혀 감지하지 못하므로, 영혼이 불멸한다고 그에 따라 자연스럽게 판단하는 데에 이르게 된다.

6부

그런데 내가 이 모든 것들을 담고 있는 개론서의 끝부분에 이르렀고, 인쇄업자의 손에 넘겨주기 위해 그것을 재검토하기 시작했던 것이 이제 3년이 된다.[82] 그때 내가 따르고 나의 고유한 이성이 나의 생각들에 대해 권위를 지니는 것 못지않게 나의 행위들에 권위를 가진 사람들이, 얼마 전에 다른 이에 의해 발표된 자연학의 견해를 불인가했다는 것을 나는 들어서 알았다. 이 견해에 나는 동조한다고 말하고 싶지 않으나, 그저 그들의 단죄 이전에, 내가 종교에도 국가에도 해롭다고 상상할 수 있는 것을, 만일 이성이 나에게 그것을 설득했다면, 결과적으로 그것을 작성하는 것을 막았을 것도, 나는 거기서 전혀 주목하지 못했다. 그래서 내가 어떤 확실한 증명이 없는 새로운 것들을 전혀 받아들이지 않겠다고, 그리고 다른 사람에게 불리하게 전개될 수 있는 글은 전혀 쓰지 않겠다고 항상 주의했음에도, 그런데도 내 이론들 가운데 [위에 해당되는] 몇 개가 발견되지 않을까 하는 이 점이, 나를 걱정

---

82 1633년 7월경을 말한다.

하게 했다. 그것은 내 글들을 출판하려고 한 내 결심을 바꾸도록 강요하는 데 충분했다. 왜냐하면, 내가 전에 그것을 택한 이유가 아주 강력했음에도 불구하고, 책을 쓰는 일을 항상 혐오한 나의 성향은, 다른 구실거리를 충분히 즉시 발견하게 했다. 그리고 양쪽 모두의 이유는, 여기서 그것들을 말하는 것이 나에게 약간의 이익이 있을 뿐만 아니라, 아마도 그것들을 아는 것이 대중에게 또한 이익일 것이라는 거다.

나는 나의 정신에서 나오는 것들의 상태를 결코 대수롭지 않게 여겼다. 그리고 내가 사용한 방법에서 사변적인 학문에 들어있는 몇 가지 난점들에 대해서 내가 만족하거나, 내가 방법을 통해 배웠던 근거들에 의해 나의 생활 습관들을 정하려고 노력했다는 것을 제외하고 다른 결과물을 얻지 못하는 동안, 글을 쓰도록 어떤 것도 나를 강요했다고 나는 전혀 믿지 않았다. 왜냐하면, 관습들과 관련된 것에 대해 말하자면, 각자는 자신의 관점이 아주 강해서, 신이 자신의 백성들에 대해 군주들로서 수립했던 이들 말고 다른 이에게, 혹은 예언자가 되기 위해서 충분한 은총과 열정을 신이 준 이들 말고 다른 이에게 허락하였다면, 우리는 머릿수 정도만큼이나 많은 개혁자를 발견할 수 있었을지도 모르기 때문이다. 그리고 비록 나의 사변이 아주 내 마음에 들었을지라도, 다른 사람들은 아마 그들에게 더 마음에 드는 것들을 지녔으리라 나는 믿었다. 그러나 나는 자연학에 대해서 몇 가지 일반적인 개념들을 획득하자마자, 그래서, 다양하고 특수한 난제들에 [적용하여] 개념들을 증명하기 시작하면서, 나는 개념들을 어디까지 이끌 수 있을지 그리고 지금까지 사람들이 사용했던 원리들과 얼마나 그것들이 다른지 주목하였다. 모든 인간의 보편적인 좋음(보편선)[83]을, 그것이 우리 안에 있는 한에서, 획득하도록 우리에게 의무를 지우는 법에 크게 위반하지 않고, 나는 그것들을 숨겨서 간직할 수 없다고 믿었다. 왜냐하면, 일반적인 개념들은, 삶에 아주 유용한 지식에 도달할 수 있고 강단에서 가르치는 그 사변적인 철학 대신에, 사람들은 그것들에서 실제[84](실천)를 발견할 수 있다는 것을 나에게 보여주었기 때문이다. 이 실제(실천)를 통해 불, 물, 공 **62** 기, 천체, 천공 그리고 우리를 둘러싸고 있는 다른 모든 물체들의 힘과 작용들을, 우리가 우리 장인들의 다양한 직무들을 인식하는 정도만큼이나 구별되게 인식하면서, 우리는 그 것들에 고유한 모든 용도에 동일한 양식으로 사용할 수 있을 것이고, 그처럼 우리를 자연의 지배자(maîtres)이자 소유자 (possesseurs)가 되게 할 것이다.[85]

사람들이 지상의 열매들과 지상에서 발견하는 모든 편

---

83 데카르트에게서 le bien은 단지 선을 의미하는 것이 아니라 좀 더 넓은 의미다. 역자는 '좋은 것'이라는 의미로 본다.

84 사변적인 것과 대립하는 것을 말한다.

85 현대철학자들에게서 많이 비판받는 문장이다.

리함의 열매들을 노고 없이 향유하게 할 기법들의 무한한 발명을 위해서뿐만 아니라, 특히 의심할 바 없이 이 삶에서 첫째로 좋은 것이고 다른 모든 좋은 것들의 토대인 건강의 보존을 위해서도 이것은 바랄만하다. 왜냐하면, 심지어 정신이 아주 강하게 기질(체질)과 신체 기관들의 배치에 의존하여서, 만약에 인간들을 그들이 지금까지 지녔던 것보다 보통 더 현명하고 더 숙달된 인간이 되게끔 하는 어떤 수단을 발견하는 것이 가능하다면, 나는 사람들이 그것을 의학 속에서 찾아야만 한다고 믿기 때문이다. 현재 통용되는 의학이 아주 주목할 만한 유용성의 사소한 것을 포함하고 있다는 것은 사실이다. 그러나 나는 의학을 결코 무시하려는 계획은 없으며, 단지 사람들이 의학에서 알고 있는 모든 것이 의학에서 인식하도록 남겨진 것에 비교해서 거의 아무것도 아니라는 것을 인정하지 않는 사람들은, 심지어 의학을 직업으로 하는 이들 가운데도, 아무도 없다는 것을 나는 확신한다. 그래서 만약에 사람들이 질병들의 원인과 자연이 우리에게 마련해 준 모든 치료법에 대하여 충분한 지식을 지니게 된다면, 사람들은 몸만큼이나 정신도 엄청나게 많은 질병으로부터 그리고 아마도 노년의 쇠약에서조차 면제될 수 있을 것을 나는 확신한다. 그런데, 내 모든 생애를 꼭 필요한 학문의 탐구에 사용하기로 계획하고서, 그리고 만일 인생의 짧음이나 실험(경험)의 부족에 의해서 방해되는 것이 아니라면, 사람들이 그 길

63

을 따르면서, 내 생각에, 그것을 반드시 발견하는 하나의 길을 나는 만났으므로, 그 두 걸림돌에 반하는 최고로 좋은 치료법은, 내가 발견했던 사소한 것 모두를 대중과 충실히 소통하는 것, 그리고 분별력을 지닌 이들을, 각자 자신의 성향과 능력에 따라, 그들이 해야만 했던 실험들에 기여하면서, 그리고 또한 그들이 배운 모든 것들을 대중과 소통하면서, 그 이상으로 더 넘어 서게 노력하도록 권유하는 것으로 나는 판단했다. 앞선 이들이 이루어 놓은 작업에서 시작하며 그리고 그처럼 여러 사람의 삶과 작업을 결합하면서, 우리가 모두 함께 각자가 개인적으로 할 수 있는 것보다 더 멀리 나아가기 위해서 말이다.

심지어 실험들에 대해서, 나는 사람들이 지식에서 더 나아가면 갈수록 실험들이 더 필요하다는 것에 주목했다. 왜냐하면, 시작을 위해서는, 아주 드물고 용의주도한 실험들을 찾는 것보다, 우리 감각들에 그것들 자체가 나타나고, 우리가 무시할 수 없는 실험들을 사용하는 것이, 우리가 그것에 대해 조금이라도 반성을 한 이상, 더 낫기 때문이다. 그 이유는 사람들이 가장 공통된 원인을 아직 알지 못할 때, 아주 드문 그런 실험들은 종종 오류를 범하며, 그래서 원인이 의존한 상황들은 거의 항상 아주 특별하고 아주 작은 것들이어서, 원인을 알아차리기가 굉장히 힘들다는 데 있다. 그러나 내가 이 점에서 지킨 순서는 다음과 같다. 우선, 나는 세상 속에 존재하거나 존재할 수 있는 모든 것들의 원리들 혹은 최초의 원인들을 일반적으로 발견하려고 노력했다. 그런 결과를 위해서, 세계를 창조한 신만을 고려하지도, 우리 영혼에 자연적으로 있는 어떤 진리들의 씨앗 외 다른 곳에서 이 원리들을 끌어내지도 않았다. 그러고 나서, 나는 사람들이 그 원인들에서 연역할 수 있는 최초의 그리고 가장 통상적인 결과들이 어떤 것들인지 검토했다. 그리고 이런 식으로 천공, 천체, 지구, 그리고 땅 위에 있는 물, 공기, 불, 광물 그리고 모든 것 중에서 가장 공통적이고 가장 단순하고, 결과적으로 인식하기가 가장 수월한 그런 여러 다른 것들을 내가 발견했던 듯싶다. 그러고 나서, 내가 좀 더 특수한 사물들로 내려가려고 했을 때, 나에게 많은 다양한 것들이 나타나서, 만일 물체들을 땅 위에 두는 것이 신의 의도였다면, 땅 위에 있을 수 있는 다른 것들의 무한성에서 땅 위에 있는 물체들의 형상들이나 종들을 인간의 정신이 가려내는 것이 가능하다고 나는 믿지 않았다. 결과적으로 물체들을 우리의 용도에 연관시키는 것도, 만일 사람들이 결과를 통해 원인들로 나아가고 그래서 특별한 여러 실험들을 활용하는 것이라면 말이다. 그런 연후에 나의 감각들에 언젠가 나타난 적이 있던 모든 대상을 나의 정신 속에서 다시 되돌아보면서, 내가 발견했던 원리들에 의해 아주 편리하게 설명할 수 없는 어떤 것도 거기서 주목하지 못했다고 나는 참으로 감히 말한다. 그러나 자연의 역량은 매우 폭넓고 매우 광대하고, 이 원리들은 아주 단순하고 아주 보편적이라서, 나는 어떤 특별한 결과를 거의 주목하지 못해서, 일단 내가 이 원리들에서 여러 다양한 방식으로 추론될 수 있다는 것을 단지 인식한다는 점을 나 또한 인정해야만 한다. 그리고 나의 가장 커다란 난점은 통상적으로 그 방식 속에서 어떤 방식으로 결과가 원리에 의존하고 있는지를 발견하는 데 있다. 왜냐하면, 그 점에 있어서, 그것이 사람들이 설명해야만 하는 방식들 가운데 하나라면, 다른 것에서 그것들의 결과가 동일하지 않은 몇 가지 실험들을 다시 찾는 것 외에 다른 방책을 전혀 나는 알지 못하기 때문이다. 게다가, 사람들이 이 결과에 소용될 수 있는 대부분의 실험을 하는 데 어떤 완곡한 수단을 취해야만 하는지 내가 충분히 잘 감지하는 듯싶은 그런 지점에 나는 지금 있다. 그러나 실험들이 수가 너무나 많아서 내 손으로도 나의 소득으로도, 내가 지니고 있는 소득보다 천 배는 더 지니고 있을지라도, 그것들을 위해서는 충분하지 않을, 그럴 것이라는 점을 역시 나는 감지한다. 그래서 내가 지금부터 실험하는 편의를 많게 혹은 적게 지닐지에 따라, 나는 역시 자연에 대한 지식에서 많이 혹은 적게 나아갈 것이다. 내가 쓴 개론서를 통해 인식시키고자 했고, 대중이 그러한 지식에서 받아들일 수 있는 유용성을 매우 뚜렷하게 보여주고자 예정했던 것이 [바로] 이것이다. 나는 인류의 좋음을 일반적으로 욕망하는 모든 이들, 다시 말하면, 전혀 가식으로도, 단지 견해에서만도 아니라, 실제로 덕이 있는 모든 이들에게, 그들이 이미 이룬 실험들을 나와 소통하도록 하고, 아직 할 게 남아 있는 실험들의 탐구에서 나를 돕도록 의무를 지울 것이다.

　그러나 나는 그 시간 이후 다른 이유들이 있어, 이것들이 나에게 견해를 바꾸게 하였다. 그리고 [이] 다른 이유들은 내가 진실을 발견하는 것에 따라, 조금이라도 중요하다고 판단할 모든 것들을 지속해서 진정으로 써내려가야만 하며, 그리고 내가 그것들을 인쇄하기를 원하면 이 작품에 동일한 정도의 주의를 지녀야 한다고 생각하게 만들었다. 의심할 여지없이 사람들이 단지 자기 자신만을 위해 하는 것보다 여러 다른 사람에 의해 눈에 띄어야만 믿는 것을 항상 더 면밀하게 들여다보고, 그리고, 내가 사물들을 [처음] 구상하기 시작했을 때 나에게 참으로 보였던 것이, 종종 내가 그것을 종이 위에 적어놓으려고 했을 때 거짓으로 보였으니까, 이것은 그것들을 면밀하게 잘 검토하기 위한 기회를 더 많이 나에게 갖도록 하기 위해서이기도 하다. 그리고 만일 내가 할 수 있다면, 대중에게 도움이 되는 어떠한 기회도 놓치지 않기 위해서이며, 나의 글들이 어떤 가치가 있다면, 나의 죽음 이후에 나의 글을 지니게 되는 이들이 그것을 가장 적절하게 사용할 수 있게 하기 위해서이기도 하다. 그러나 내가 살아있는 동안에 그 글들을 출판하는 데 동의하지 않았어야만 했다. 아마 그것들이 일으키는 반대와 논쟁의 여지도, 그것들이 얻게 할 수 있는 명성조차도, 내가 스스로 배우는 데 사용할 계획인 시간을 잃어버릴 어떤 기회도 주지 않기 위해서 말이다. 왜냐하면, 인간 개개인은 다른 사람들의 좋음(타자의 선)을 마련해 줄 의무가, 그것이 자신 안에 있는 한에서, 있고, 그리고 누구에게도 유용하지 않은 것은 문자 그대로 결코 가치가 없다는 것이 사실일지라도, 어쨌든, 우리의 염려는[86] 현시대보다 더 멀리 펼쳐져야만 하고, 우리 후손들에게 더 많은 이득을 가져다주는 다른 것들을 하기로 계획했을 때, 삶을 영위하고 있는 이들에게 아마도 약간의 이득을 가져다줄 것들은 소홀히 해도 좋다는 것도 또한 사실이기 때문이다. 사실나는 사람들이 내가 지금까지 배웠던 약간의 것은 내가 무지한 것과 비교하면 아무것도 아니라는 것을, 그리고 내가 배울 수 있음을 단념하지 않는다는 것을 참으로 잘 알아주기 바란다. 왜냐하면 학문들에서 진리를 조금씩 발견하는 이들은, 이전에 더 가난했을 때 훨씬 더 적은 규모를 취득하는 데 들인 노고보다, 부자가 되기 시작하면서 대규모를 취득하는데 훨씬 덜 노고하는 이들과 거의 같기 때문이다. 또는 사람들은 그들을 군대의 지휘관에 비교할 수 있다. 지휘관의 힘

---

86 이 단어는 배려라는 번역도 가능하다. 하지만 로렌스 르노가 주에서 préoccupations이라고 덧붙인 것처럼, 타인에 대한 보다 적극적인 의미가 있기 때문에, 필자는 위와 같이 번역한다.

들은 자신들의 승리들에 비례하여 증가하곤 하고, 지휘관들이 전투에서 승리한 후에 도시들과 지방들을 점령하는 것보다 전투에서 패배한 후에 자기를 유지하기 위해 더 많이 필요하다. 왜냐하면, 우리가 진리의 인식에 이르는 데 방해하는 모든 난점과 오류를 이겨내려고 노력하는 것은 정말로 전투들을 하는 것이고, 다소 일반적이고 중요한 소재에 대하여 어떤 잘못된 견해를 받아들이는 것은 전투에서 하나를 잃는 것이기 때문이다. 그리고 사람들은 보장된 원리들을 이미 지니고 있을 때, 거대한 진보를 하기에 필요한 것보다, 이전에 있던 동일한 위치로 다시 돌아가기 위해서 이후에는 훨씬 더 많은 술책이 필요하다. 나로 말하자면, 내가 학문들 속에서 몇 가지 진리들을 이전에 발견했다면 (그리고 나는 이 책에 포함된 것들이 내가 발견한 몇 가지 부분이라고 판단되기를 기대한다), 그것은 단지 내가 극복하고, 내 쪽에 운이 있었던 전투들 정도로 간주한 대여섯 개의 중요한 난점들의 일련의 후속들과 부속물들이라고 말할 수 있다. 나는 내 계획의 끝에 완전하게 도달하기 위해 그와 비슷한 전투에서 두세 번 이기는 것만이 단지 필요하다는 생각을 감히 서슴지 않고 말할 것이다. 그리고 내 나이는, 자연의 통상적인 흐름에 따라, 내가 그런 결과를 위해 아직 충분히 여유가 없을 정도로, 나이 들지 않았다고도 감히 서슴지 않고 말할 것이다. 그러나 나는 내게 남은 시간을 잘 사용하는 능력을 더 희망할수록, 나에게 남겨진 시간을 신경 써서 대해야 하도록 그만큼 더 의무 지어진 것으로 믿는다. 그리고 만일 내가 나의 자연학[87]의 토대들을 출판했다면, 나는 의심할 바 없이 시간을 잃어버릴 기회가 여러 번 있었을 것이다. 왜냐하면, 비록 그 토대들이 거의 모두 너무나 명백해서, 그것들을 믿기 위해서는 그것들을 이해하기만 하면 되고, 그리고 내가 증명할 수 있다고 생각하지 않는 어떤 것도 그것들에 없음에도 불구하고, 어쨌든 그것들[자연학의 토대들]이 다른 인간들의 다양한 모든 견해들과 일치해야 한다는 것은 불가능하니까, 나는 그것들이 생기게 하는 반론들에 의해 내가 종종 생각을 다른 데로 돌리게 될 것을 예상하기 때문이다.

사람들은 그러한 반론들이 [다음과 같은 경우를 위해서] 유용할 것이라고 말할 수 있다. 그것들이 나의 오류들을 인식하게 해줄 정도로, 그리고 그 만큼 다른 사람들이, 만일 내가 어떤 좋은 것을 지니고 있다면, 이 방식을 통해 지능을 더 갖게 하기 위해서라고 말이다, 그리고 여러 사람이 한 사람 홀로 [보는 것]보다 더 잘 볼 수 있는 것처럼, 지금부터 그것들을 사용하기 시작하여, 그들은 자신들의 발명으로 역시 나를 도울 것이다. 그러나 나 스스로가 과오를 범하는 주체라는 것을 극도로 인정함에도, 그리고 나에게 오는 최초의 생각들을

---

87   데카르트는 '나의 자연학'과 '나의 형이상학'이라는 표현을 쓴다.

거의 절대로 신뢰하지 않음에도 불구하고, 어쨌든 사람들이 내게 할 수 있던 반론들의 경험들은, 어떤 이득도 반론들에서 기대하는 것을 막는다. 왜냐하면, 내가 나의 친구들이라고 간주하는 이들만큼이나 내가 무관심하다고 생각한 몇몇 다른 사람들의 심지어 애정 때문에 나의 친구들이 보지 못한 것을, 악의와 질투를 통해, 발견하려고 무척 애쓴 내가 아는 몇몇 사람의 판단들도 이미 종종 겪어봤기 때문이다. 그러나 나의 주제에서 아주 동떨어진 것을 제외하고는, 내가 전혀 예견하지 않은 것을 사람들이 나에게 반박한 일은 드물게 일어났다. 그래서 나 자신 못지않게 엄격하거나 공정한 듯한, 내 견해들에 대한 검열을 나는 거의 마주한 적이 결코 없었다. 그리고 나는 강단에서 실행하는 논쟁의 방식으로 사람들이 이전에 알지 못했던 어떤 진리를 발견했다는 것도 또한 결코 주목하지 못했다. 왜냐하면, 각자가 이기려고 애쓰는 동안, 사람들은 양쪽의 근거들을 가늠하기보다 진실임 직함을 내세우는 훈련을 훨씬 더하기 때문이다. 그리고 오랫동안 훌륭한 변호사였던 이들이 그러한 이유에서 이후에 훌륭한 판사가 되지는 않기 때문이다.

다른 사람들이 내 생각들과 소통하여 받을 유용성으로 말하자면, 유용성은 내가 그것들을 아직 아주 멀리 이끈 게 아니므로, 생각들을 [실제] 적용하기 전에 많은 것들을 거기에 덧붙여야 할 필요가 있는 만큼 대단히 크지 않을 것이다.

그리고 자랑은 아니지만, 그것을 할 수 있는 누군가가 있다면, 다른 사람이라기보다는 오히려 나이어야만 한다고 나는 말할 수 있다고 생각한다. 나의 정신에 비해 비교할 수 없을 정도로 탁월한 몇몇 정신들이 세상에 있을 수 없어서가 아니다. 사람들은 그 자신들이 그것을 발명했을 때만큼, 다른 사람에게서 그것을 배울 때, 어떤 사물을 아주 잘 수용하여, 그것을 자신의 것으로 삼을 수 없기 때문이다. 이 소재 속에서 지극히 사실인 것은 다음과 같다. 나는 아주 탁월한 정신의 인물들에게 나의 견해들 가운데 몇 가지를 종종 설명했는데, (그리고) 내가 그들에게 그것들[몇 가지]에 관하여 말하는 동안 그들은 그것들을 아주 구별되게 이해하고 있는 것처럼 보였음에도 불구하고, 어쨌든 그들이 그것들[내가 설명한 몇 가지]을 되풀이해서 말할 때, 나는 그들이 그것들을 거의 항상 변질시켜서 그것들이 나의 견해라는 것을 더는 인정할 수 없었다는 것에 주목했다. 이 점을 계기로 나는 우리의 후 **70** 손들에게 여기서 다음과 같이 당부하고 싶다. 사람들이 나로부터 온 것들이라고 그들에게 말할 것들을, 나 자신이 그것들을 전혀 공표하지 않았을 때, [그들이 듣는 견해의 출처가 나라는 것을] 결코 믿지 말라고 말이다.[88] 그리고 사람들이 모든

---

88 비교적 최근에 발행된 드니 깡부슈네(Denis Kambouchner)의 책표지에서 언급되듯이, 데카르트보다 더 알려진 철학자도 없고, 그보다 더 잘못 알려진 철학자도 없는 듯싶다. 이러한 이유에서 드니 깡부슈네는 자신의 저서

고대 철학자들[89]의 저서들을 전혀 가지고 있지 않으면서, 그들에게 전가하는 기상천외한 것들에 나는 전혀 놀라지 않고, 그런 이유로 그들의 생각들이 아주 비합리적이라고 판단하지도 않는다. 그들이 그들 시대에 최고의 정신이었으나 단지 사람들이 우리에게 그들의 생각들을 잘못 알려줬음에 비추어 말이다. 사람들이 또한 감지하듯이, 고대 철학자들의 신봉자들 가운데 누구도 그들을 넘어서는 것은 좀처럼 일어나지 않았다. 그리고 지금 아리스토텔레스를 추종하는 이들 중에서 가장 열정적인 이들은, 만일 그들이 아리스토텔레스가 가졌던 정도의 자연에 대한 지식을 지닌다면, 심지어 그 자신들이 자연에 대한 지식을 결코 더 많이 가질 수 없다는 조건에서조차, 그들 자신이 행복하다고 믿을 것이라고 나는 확신한다. 그들은 담쟁이와 같은데, 담쟁이는 자신을 지탱하고 있는 나무보다 더 높이 결코 올라가지 않고, 심지어 꼭대기에 도달한 후에 흔히 다시 내려오기조차 한다. 왜냐하면, 이런 이들은 지위가 떨어지는, 즉 어떤 의미에서는 다음과 같은 이들보다 덜 학식 있는 사람이 되게 하는 듯싶기 때문이다. 만약에 그들이 연구하기를 절제한다면, 자신들의 저자

에서 데카르트가 말하지 않았는데 말한 것으로 알려진 것들을 조목조목 다루고 있다. Denis Kambouchner, DESCARTES n'a pas dit, les belles lettres, 2015. 참조.

89   소크라테스 이전의 철학자를 말한다.

작품 속에서 이해할 수 있게 설명된 모든 것을 아는 데 만족하지 않아서, 그것 이상으로 작품 속에서 저자가 전혀 말하지 않고 아마 결코 생각한 적도 없는 여러 난점들의 해결방안을 발견하기를 원하는 이들 말이다. 어쨌든, 철학하는 그들의 방식은 아주 평범한 정신들만을 지닌 이들을 위해서는 아주 편리하다. 왜냐하면, 그들이 사용하는 구별들과 원리들의 모호함은 그들이 구별들과 원리들을 안다면 그 만큼 과감하게 모든 것들에 대해 말하고, 그들이 가장 섬세하고 가장 능란한 이들에 반대해서 그것에 대해 말하는 모든 것을, 사람들이 그것들을 설득시키는 수단을 가지지 않아서, 지지할 수 있는 원인이기 때문이다. 그 점에서 그들은 볼 수 있는 누군가와 불리한 조건 없이 싸우기 위해서 아주 어두운 어떤 지하실의 깊은 곳으로 상대를 오게 하는 장님과 내게 비슷하게 보인다. 그리고 나는 이 철학자들에게는 내가 사용하는 철학의 원리들을 출판하지 않는 것이 이익이라고 말할 수 있다. 왜냐하면, 내 원리들은 아주 단순하고 너무나 명백해서, 그것들을 출판하면, 내가 창문들을 열고, 그들이 싸우기 위해 내려간 지하실에 빛이 들어가게 하는 것과 거의 같은 것이기 때문이다. 그러나 가장 뛰어난 정신들조차도 내 원리들을 인식하고자 하는 기회를 가지려고 하지 않는다. 왜냐하면, 만일 그들이 모든 것들에 대해 말할 줄 알기 원하고 학자가 되는 명성을 얻고자 한다면, 진실임 직한 것에 만족하면서 그들은 거기에 더 쉽게 도달할 것이기 때문이다. 진실임 직한 것은 몇 가지 소재 속에서 조금씩만 발견되는 진리를 찾으면서보다 모든 종류의 소재에서 커다란 노고 없이 발견될 수 있다. 그리고 진실임 직한 것은 그 외의 다른 것들에 대해 말하는 것이 문제일 때, 사람들이 그것들을 모른다고 솔직하게 고백하도록 강제한다. 정말로 만일 그들이 아무것도 모르지 않은 체하는 허영보다 진리에 대한 약간의 지식을 선호한다면, 의심할 여지 없이 이것이 더 선호할만한 것처럼, 그래서 그들이 나의 것과 비슷한 계획을 따르려고 한다면, 그런 이유에서 그들은 내가 이 서설에서 이미 말했던 것 이상으로 그들에게 말하 는 것이 필요하지 않다. 왜냐하면, 만일 그들이 내가 단지 했던 것 이상으로 나아갈 수 있다면, 내가 발견했다고 생각하는 모든 것을 그들은 스스로 말할 것도 없이 발견할 수 있을 것이기 때문이다. 순서에 의해서 말고는 검토한 적이 없었기에, 발견하도록 나에게 남겨진 것은 내가 이전에 마주할 수 있었던 것보다 본래 더 어렵고 더 감추어진 것이라는 것은 확실하므로, 그리고 그들은 그들 자신보다 나에게서 그것들을 배우는 데서 훨씬 덜 기쁨을 느낄 것이다. 이외에 처음에 쉬운 것들을 찾으면서, 그런 다음 더 어려운 것들로 단계별로 점점 나아가는 습관을 그들이 획득한다면 나의 모든 지침들이 하게 할 수 있었던 것 이상으로 그들에게 더 쓸모 있을 것이다. 나로 말하자면, 만일 내가 증명들에서부터 찾은 모든 진리를, 내가 어렸을 때부터, 사람들이 가르쳤다면, 그래서 내가 그 진리들을 배우는 데 어떤 고통도 없었다면, 나는 다른 어떤 것들도 아마 알지 못했었을 거라고, 그리고 내가 진리들을 찾으려고 전념하는 것에 따라, 항상 새로운 진리를 발견하였기에, 적어도 내가 지니고 있다고 생각하는, 습관과 용이함을 결코 획득하지 못했을 것이라고 내가 확신하는 것처럼 말이다. 간단히 말해, 작품을 시작한 동일한 사람에 의해서보다 다른 어떤 사람에 의해 아주 잘 완성될 수 없는 어떤 작품이 있다면, 내가 작업하려고 노력하는 것이 바로 그것이다.

이 일에 사용할 수 있는 실험들에 관해서 말하자면, 한 사람 혼자서 그것들을 모두 하기에 충분할 수 없다는 것은 사실이다. 그러나 장인들의 손을 또는 그가 돈을 지급했을 어떤 이들 그리고 그가 그들에게 명령한 모든 것을 정확하게 만들도록 하게 하는 가장 효과적인 수단인 돈을 희망하는 이들을 제외하고, 그 또한 자신의 손만큼 다른 사람들의 손을 유용하게 쓸 수 없다. 왜냐하면, 호기심이나 배우려는 욕망에서 아마 그에게 도움 주기를 제안한 자발적 지원자들로 말하자면, 통상 그들은 결과보다 더 많은 약속을 하고, 결코 성공할 수 없는 아름다운 제안을 단지 할 뿐이기 때문이다. [게다가] 그들은 틀림없이 그에게 단지 약간의 시간을 잃는 것 **73** 말고는 비용을 들지 않게 할 수 있는 어떤 난점들의 설명으로 또는 적어도 찬사와 무용한 대화로 보답 받기를 바랄 것이기 때문이다. 그리고 다른 사람들이 이미 했던 시험들로 말하자면, 다른 사람들이 그것들을 그에게 전달하고자 할지라도, 그것들을 비밀이라고 부르는 이들은 결코 그렇게 하지 않을 것이다, 실험들은 대부분이 너무 많은 상황들이나 과잉 요소들로 구성되어서, 그가 그것들 속에 있는 진리를 간파하는 데 아주 힘들 것이다. 게다가 그는 거의 모든 실험들이 아주 서툴게 혹은 정말 아주 잘못 설명되었다는 것을 발견하였을 것이다. 실험들을 한 이들은 그것들을 자신들의 원리들에 맞게 보이려고 노력하였을 것이기 때문에 말이다. 그래서 만일 그에게 사용될 몇 가지가 있다면, 실험들도 또한 그가 그것들을 선택하는 데 사용하도록 해야 할 시간을 가져다줄 수 없을 것이다. 그 결과, 있을 수 있는 가장 위대한 것들과 가장 공공에 유용한 것들을 발견할 능력이 있다는 것을 사람들이 확실히 알고 있는 어떤 사람이 만일 세상에 있어서, 그런 이유로, 다른 사람들이 모든 방면에서 그의 계획을 성취하도록 그를 돕도록 노력한다면, 나는 사람들이 그를 위해서 그가 필요한 실험들의 비용을 제공하고, 그의 자유 시간이 귀찮은 사람에 의해 빼앗기게 되지 않게 막는 것 외에 할 수 있는 것을 알지 못한다. 그러나 나는 특별한 것을 아무것도 약속하지 않기를 바라는 정도로 나 자신에 대해 과대평가하지도, 대중이 나의 계획들에 지대한 관심을 지녀야만 한다고 상상할 정도로도 그렇게 헛된 생각들에 골몰하지 않을 뿐만 아니라, 사람들이 내가 자격이 없다고 믿을 수 있는, 어떤 호의도 없는 어떤 이로부터 받아들여지기를 바랄 정도로, 천박한 영혼 또한 나는 갖고 있지 않다.

함께 첨부하는 이 모든 고찰들은, 3년 전 내 수중에 있던 개론서를 공표하기를 전혀 바라지 않은 원인이었고, 심지어 아주 일반적이지도, 사람들이 나의 자연학의 토대들을 이해할 수 있는 다른 어떤 작품도 내가 살아 있는 동안 보여주지 않겠다고 굳게 결심한 원인이었다. 그러나 그 이후로 특정한 [주제들에 대하여] 몇 가지 시론을 여기에 기재하고, 대중에게 나의 행동들과 계획들을 해명하게 한 다른 두 가지 이유가 있다. 첫 번째는 다음과 같다. 만일 내가 그렇게 하지 않는다면, 내가 여기에 있는 몇몇 글들을 인쇄하려고 한 의도를 알고 있는 몇몇 사람은, 내가 그것들을 중단한 원인들에 대해, 원인들이 [실제] 그런 것보다 훨씬 더 나에게 불리한 원인들을 상상하게 될 것이다. 왜냐하면 내가 그 밖의 모든 것들 위로 높이 평가하는 평안(平安)의 반대를 영광이라고 판단하는 한에서, 나는 영광을 지나치게 좋아하지 않으며, 심지어, 감히 말하자면, 영광을 증오할지라도 어쨌든, 나의 행위들을 범죄처럼 숨기려고 나는 절대 애쓰지도 않았으며, 또는 알려지지 않기 위해, 많이 주의하지도 않았기 때문이다. [이렇게 하는 것은] 내가 나에게 손해를 입히는 것이라고 믿었기 때문이기도,

그것은 나에게 내가 찾고 있는 정신의 완벽한 평안에 또 다시 반대되는 어떤 종류의 걱정을 줄 것이었기 때문이다. 그리고 나는 알려지거나 알려지지 않는 것에 대한 염려 가운데 무관심을 그처럼 항상 유지하므로, 나는 어떤 종류의 평판을 획득하는 것을 회피할 수 있었고, 적어도 나쁜 평판을 갖는 것을 면하기 위해 최선을 다해야만 한다고 생각했기 때문이다. 나에게 이 글을 쓰도록 강요한 다른 이유는 다음과 같다. 나는 내가 스스로 배우려는 계획이 겪는 지연을 날마다 점점 더 목격하면서, 내게 필요한 수많은 실험 때문에, 내가 타인의 도움 없이 하는 것은 불가능하다는 것이다. 비록 대중이 나의 관심들에 크게 참여하는 것을 내가 기대하지 않을지라도 말이다. 어쨌든 나는 나 자신만큼 명맥을 이을 이들에게 어느 날 [다음과 같은] 주제를 제공하는 데 역시 불참하고 싶지 않다. [즉] 만일 그들이 나의 계획들에 공헌할 수 있었을 점을, 내가 그들에게 이해시키는 것을 결코 너무 무시하지 않았다면, 내가 했을 것보다 훨씬 더 나은 여러 가지 것들을 그들에게 남길 수 있었을 것이라고 자책하는 점 말이다.

그리고 많은 논쟁거리가 되지도 않으면서 그리고 내가 원하는 것보다 나의 원리들의 많은 이점을 한층 더 표명하도록 강요하지도 않으면서, 학문들 속에서 내가 성취할 수 있거나 할 수 없는 것을 꽤 뚜렷하게 보여주지 않고는 못 배겼었을 몇 가지 소재들을 선택하는 게 수월하다고 나는 생각했

75

다. 나는 이 점에서 내가 성공했는지를 말할 수 없고, 나의 글들에 대해 나 자신이 말하면서 다른 사람의 판단들을 전혀 예견하고 싶지 않다. 그러나 다른 사람들이 나의 글들을 검토하면 나는 아주 기쁠 것이다. 그리고 사람들이 그러한 기회를 한층 더 얻도록, 그 글들에 몇몇 반론들을 지닐 모든 이들에게 그것들을 나의 출판업자에게 보내는 수고를 해주기를 나는 간청드리며, 출판업자로부터 통지를 받음과 동시에 나는 거기에 나의 답변을 첨부하도록 노력할 것이다. 그래서 이 방식으로 독자들은 둘 다를 함께 보면서, 훨씬 더 수월하게 진리를 판단할 것이다. 왜냐하면 나는 긴 답변을 절대 하 **76** 지 않을 것이나, 만일 내가 나의 잘못들을 인식한다면, 단지 아주 솔직하게 나의 오류들을 인정할 것이기 때문이다. 그렇지 않고, 만일 내가 그 오류들을 분별할 수 없다면, 하나에서 다른 하나로 끊임없이 저당 잡히지 않기 위하여, 어떤 새로운 소재에 대한 설명도 덧붙이지 않고, 내가 썼던 것들을 방어하기 위해 요구되는 것으로 믿었다고 간단히 나는 이야기하겠다.

정말로 만약 내가 《굴절광학》과 《기상학》의 시작에서 말했던 몇몇(진술)이 내가 그것들을 가설들이라고 부르기 때문에 그리고 내가 그것들을 증명하기를 원하지 않는 것으로 보이기 때문에 우선 충격을 준다면, [그럼에도 불구하고] 사람들이 주의 깊게 전체를 다 읽도록 인내한다면, 나는 사람들이 만족하리라 기대한다. 왜냐하면, [나의 추론들을 너무나 서로 연결되게 해서] 이후 것들이 그것들의 원인인 처음 것들에 의해 증명되는 것처럼, 그렇게 처음 것들은, 역으로 그것들의 결과인 이후의 것들에 의해 증명되는 그 결과, 나에게 근거들은 거기서 잇달아 오는 듯싶기 때문이다. 그리고 사람들은 내가 논리학자들이 순환논증이라고 부르는 오류를 그 속에서 범하고 있다고 상상하지 말아야 한다. 왜냐하면, 실험이 그 결과들의 대부분을 매우 확실하게 해서, 내가 결과들을 연역한 원인들은 결과들을 설명할 정도로 결과들을 증명하는 데 쓸모 있지 않으나, 정반대로 결과들에 의해 증명되는 것이 원인들이기 때문이다. 그리고 나는 원인들을 가설들이라고 단지 불렀는데, 내가 위에서 설명했던 그 최초의 진리들에서 그것들을 연역하는 능력이 있다고 내가 생각한다는 것을 알도록 하기 위해서다. 그러나 나는 일부러 그것을 하고 싶어 하지 않았는데, 다른 사람이 20년 동안 생각했던 모든 것을 단지 두세 마디 말하자마자, 하루 만에 안다고 상상하는 어떤 모종의 정신들을 방지하기 위해서다. 그리고 이런 정신들이 더 날카롭고 더 생기 있을수록 과오를 범하는 주체이고, **77** 진리를 덜 파악할 수 있어서 그로 말미암아 나의 원리들에 있다고 믿는 것 위에다 어떤 기상천외한 철학을 세우는 기회를 가질 수 없도록 그리고 사람들이 잘못을 나에게로 돌리는 것을 방지하기 위해서이다. 왜냐하면, 전적으로 나의 것들인

내 견해들로 말하자면, 나는 그것들을 새로움과 같은 것으로 결코 변명하지 않을 것이기 때문이다. 만일 사람들이 내 견해들에서 근거들을 잘 고찰한다면, 사람들이 동일한 주제에 대해 가질 수 있는 다른 어떤 것들보다 덜 기상천외하고 덜 이상하게 보일 정도로, 나는 사람들이 내 견해들이 아주 단순하고 상식에 아주 부합한다는 것을 발견할 것을 확신한다. 그것 중에서 어떤 것에서도 내가 첫 번째 발명자라고 또한 결코 자부하지 않지만, 나는 그것들을 결코 부여받았던 적이 없었다고 자부하는데, 그것들이 다른 사람들에 의해 이야기되었기 때문도, 이야기되지 않았기 때문도 아니라, 단지 이성이 나에게 견해들을 설득했기 때문이다.

정말로 만약 장인들이《굴절광학》에서 설명된 발명품을 당장 실행할 수 없다면, 나는 사람들이 그러한 이유에서, 발명품이 나쁜 것이라고 말할 수 있다고 믿지 않는다. 왜냐하면, 내가 묘사한 기계들을, 세부항목을 하나도 빠트리지 않았지만, 만들고 조정하기 위해서는 능란한 솜씨와 실행이 필요하므로, 만일 장인들이 첫 번째 시도에 성공한다면, 사람들이 그에게 좋은 운지법[90] 악보를 주는 단지 그것으로, 만일 누군가가 하루에 루트를 훌륭하게 연주하는 것을 배울 수 있는 것 못지않게 나는 놀랄 것이기 때문이다. 그리고 내가 나

90   악기를 연주할 때 손가락을 쓰는 방법을 말한다.

의 스승들의 언어인 라틴어보다 내 나라 언어인 프랑스어로 글을 쓰고 있다면, 그것은 옛 책들만을 단지 믿고 있는 이들보다 자신들의 아주 순수한 자연적 이성만을 단지 사용하는 이들이 나의 견해들을 더 잘 판단하기를 기대하기 때문이다. 그리고 내가 나의 심판자들로 바라는 유일한 이들인 학식과 **78** 함께 상식을 겸비한 이들로 말하자면, 그들은 내가 그것들을 천박한 언어로 설명하기 때문에 나의 근거들을 이해하기 거부할 정도로 라틴어에 대해 아주 편파적이지 않을 것으로 나는 확신한다.

이외에, 나는 학문들 속에서 미래에 이루기를 희망한 진보들에 대해 특별히 여기서 전혀 말하고 싶지도 내가 완료할지 확신 못 하는 어떤 약속도 대중에게 하고 싶지도 않다. 그러나 내 삶의 남겨진 시간을, 다른 것이 아닌 단지 자연에 대한 다소의 지식을 획득하도록 노력하는 데 사용하기로 결심했다고 나는 단지 말할 것이다. 사람들은 자연에 대한 다소의 지식에서, 사람들이 지금까지 끌어냈던 규칙들보다 더 보장된 의학에 대한 규칙들을 끌어낼 수 있을 것이다. 그리고 나의 성향은 다른 모든 종류의 계획들에서, 특히 다른 사람들을 해하면서만 어떤 사람들에게는 유용할 수 있는 그것들에서 아주 심하게 동떨어져서, 만일 어떤 기회들이 나에게 그런 것에 애쓰도록 강요한다면, 나는 그것에서 성공할 수 있을 거라고 결코 믿지 않는다. 나는 여기서, 세상에서 나를 주목하게 할 능력이 없다는 것을 나는 잘 알고 있으며, 또한 그렇게 되도록 전혀 원하지도 않는다는 점을 공개적으로 선언한다. 그리고 나는 지상에서 가장 명예로운 직책을 나에게 제공하는 이들보다 호의에 의해 나의 여가를 방해 없이 내가 즐기도록 해주는 이들에게 항상 더 충실할 것이다.

《방법서설》해제

1. 《방법서설》과 세 시론; 《굴절광학》, 《기상학》 그리고 《기하학》

데카르트가 1636년에 집필한 《방법서설Discours de la méthode》은 《굴절광학la Dioptrique》[1](1629-1635?), 《기상학les Météores》(1636), 《기하학la Géometrie》(1636)과 함께 1637년 6월 8일 레이드(Leyde)에 있는 쟝 매르(Jean Maire)에서 익명으로[2] 출판한 그의 첫 번째 저술이다. 《방법서설》의 원제는 《(자신의) 이성을 잘 이끌고, 학문들 속에서 진리를 찾기 위한 방법에 대한 연설. 그에 더해 그 방법의 시론들인 굴절광학, 기상학 그리고 기하학Discours de la méthode pour bien conduire sa raison, et chercher la vérite dans les science. Plus la Dioptrique, les Météores et la Géometrie qui sont des essais de cette méthode》이다. 이처럼 《방법서설》이 단행본으로 출판된 것은 아니다. 하지만 현재 《방법서설》은 세 시론과 구분되는 한 권

---

1 세 시론 가운데 《굴절광학》이 가장 오래된 글이라고 알려져 있다. 데카르트가 1632년에 고리우스(Golius)에게 1부를 보여주었고, 1629년에 이미 《굴절광학》의 10부가 작성된 것으로 알려진다. 그리고 데카르트는 《세계론》(1633)에서 굴절광학을 이미 끝낸 저술로 언급하고 있다.

2 익명출판에 대해 데카르트 자신을 숨기기 위해서라고 비난하는데 당시 익명출판은 매우 흔한 일이었다.

의 책으로 일반적으로 취급된다. 본 역서 역시 세 시론을 제외한 《방법서설》만을 다루고 있다. 따라서 《방법서설》과 세 시론의 관계에 대해 간략하게 살펴볼 필요가 있다.

《방법서설》은 세 시론 이후에 쓰인 것으로 통상 알려지는데 우리는 이 점을 원본 구성 방식을 통해 확인할 수 있다. 알키에는 원본의 쪽수 매김에 특히 주목한다. 자세히 보면, 원본은 《굴절광학》, 《기상학》, 《기하학》을 다루는 부분이 1-413쪽으로 표시되어 있고, 목차에도 이 세 시론만이 언급되어 있으며, 《방법서설》은 1-78쪽으로 별도로 표시되어 있다. 따라서 알키에는 《방법서설》의 인쇄 역시 세 시론 이후에 이루어진 것으로 간주한다.[3] 그럼에도 불구하고 세 시론 속에서 데카르트가 자신의 방법을 실천했다는 점에서 《방법서설》과 세 시론은 긴밀하게 연관되어 있다고 볼 수 있다.

사실 데카르트는 《방법서설》을 출판하기 전 메르센에게 이 저술에 대한 반론을 요청하는데, 반론 내용은 데카르트가 〈1637(?)년 2월 27일 메르센에게 보낸 편지〉[4]의 답변에서 드러난다. 여기서 가장 먼저 제기되는 점은 저술의 제목에 관한 것이다. 데카르트는 자신이 《방법론Traité de la Méthode》이라고 하지 않고 《방법서설Discours de la Méthode》이라고 쓴 것은 이 작품이 《서론Préface》 또는 《방법에 대한 소견Avis touchant la Méthode》과 동일한 것으로 여기는 것이라고 밝힌다. 그 다음으

---

3 FA., I, p.549.

4 AT I, 349. (AT에서는 1637년 3월)

로 데카르트는 자신의 의도가 방법을 *가르치기*(enseingner) 위한 것이 아니라 방법에 대해 *말하려는*(parler)[5]데 있음을 명확히 한다. 그는 사람들이 이 저술을 통해 자신이 방법에 대한 '이론'보다 방법의 '실천'을 더 중요시하고 있다는 점을 알게 될 것이라고 역시 언급하고 있다. 이렇듯, 데카르트는 자기 스스로가 생각해 낸 방법을 바로 세 시론에 적용하여 실천한 것이라는 점을 강조하고 있다.

하지만 데카르트의 방법에 대한 연설과 그 방법의 실천은 그다지 성공적이지 못했다고 할 수 있다. 데카르트는 이 점을 〈1638년 2월 22일 바띠에(Vatier)에게 보낸 편지〉에서 다음과 같이 인정한다. "(……) 나의 계획은 내가 방법을 제안한 서설 안에서 모든 나의 방법(ma Methode)을 가르치는 데 있지 않고, 단지 방법에 대해 말하려고 했던 것이다. 《굴절광학》과 《기상학》에서 볼 수 있는 새로운 견해들이 가볍게 다루어진 것이 아니라는 것을 그리고 그것들이 검토할 만한 가치가 있다는 것을 판단하도록 하기 위한 것이었다. 나는 또한 이 방법의 사용을 내가 제시한 세 개론(Traité) 안에서 역시 보여줄 수 없었는데, 방법이 하나의 순서를 규정하기 때문이다. 순서는 내가 그것들을 설명하기 위해 사용해야만 하는 것으로 믿었던 것과 충분히 다른 사물들을 찾기 위한 것이다. 그런데도 나는 방법

---

5 데카르트가 방법에 대해 말하려고 하고 있다는 것을 강조하는 점을 우리가 고려하면, 《방법서설》이라는 번역보다는 《방법에 대한 연설》 정도가 좀 더 데카르트의 의도를 드러낸다고 할 수 있겠다.

에서 무지개를 묘사하면서 약간의 단면을 보여주었다."[6] 이렇듯이, 데카르트는《방법서설》의 초판에서 자신이 새롭게 만든 방법에 대해 말하고 그 방법이 사용된 연구서를 묶어서 출판한 것이다.

2.《방법서설》의 구성과 내용

데카르트는《방법서설》의 1부에서 자신의 이야기를 다루고 있으며, 2부에서는 방법, 3부에서는 도덕, 4부에서는 형이상학, 5부에서는 과학적 설명(자연학, 의학), 그리고 6부에서는 대중들에 호소하는 내용을 간략하게 제시하고 있다. 그런데 여기서 다루어지는 철학 영역은 데카르트가《철학의 원리》의 〈프랑스어 판 서문〉에서 보여준 철학의 나무 비유와 비교할 수 있다. 잘 알려져 있듯이 데카르트는 철학을 '지혜에 대한 연구(l'étude de la sagesse)'를 의미하는 것으로 파악하며, 철학의 영역 가운데 나무의 뿌리에 해당하는 것으로 형이상학, 줄기는 자연학, 그 가지들에서 나온 열매는 의학, 역학(기계학) 그리고 도덕으로 제시한다.[7] 그리고 이 가운데서 지혜의 최고이자 마지막 단계를 데카르트는 도덕으로 간주한다. 그런데 이런 논의 후에 데카르트는《방법서설》의 내용과 관련하여 다음과 같이 말한다.

---

6   FA II, pp.25-26.

7   FA III, pp.779-780;《철학의 원리》, 원석영 옮김, 아카넷, 2003, 537쪽.

조금 긴 문장이지만 인용해 보기로 하자.

나무 열매를 뿌리나 줄기가 아니라 가지에서 따는 것이듯이, 철학의 주된 유용함은 사람들이 마지막에 배우는 부분들에 달려있다. 내가 그것들 대부분에 관해 문외한인 것은 사실이지만, 내가 부단히 지니고 있는 열정인 대중에게 봉사하고자 하는 마음 때문에 나는 내가 배웠다고 생각한 것들을 10-12년 전에 출판(《방법서설》)하게 되었다. 그것의 첫 번째 부분은 이성을 올바르게 사용하여 진리를 발견하는 방법에 관한 글이었다. 그곳에서 나는 논리학의 중요한 규칙들과 불완전한 윤리학의 규칙들을 간단히 기술했는데, 이 윤리학의 규칙들은 더 나은 것을 알지 못하는 상태에서 잠정적으로 따를 만한 규칙들이다. 다른 부분들은 세 개의 글로, 그 하나는 《굴절광학》, 다른 하나는 《기상학》, 마지막 하나는 《기하학》이다. 《굴절광학》으로 내가 보이고 싶었던 것은, 우리가 철학의 도움을 빌려 삶에 유용한 기술들에 대한 지식에 도달할 수 있을 만큼 철학에서 발전을 이룰 수 있다는 것이다. 내가 그곳에서 설명한 망원경의 발명은 일찍이 행해졌던 것들 중 가장 어려운 발명이다. 기상에 관한 글을 통해서는 학교에서 동일한 주제를 다루며 행해지는 철학과 나의 철학과의 차이가 분명하게 알려지도록 하고자 함이다. 끝으로 기하학에 관한 글로써는 내가 지금껏 알려지지 않은 많은 것을 발견했다는 사실을 입증하고자 함이었는데, 이는 다른 사람들에게 아직 더 많은 다른 것들이 발견되기를 기다리고 있다는 사실을 확신시키고, 진리 탐구에 있어서 모두 나의 방법을 따르도록 하기 위해서였다.[8]

---

8   FA., III, pp.780-781; 원석영, 앞의 책, 537-538쪽.

윗글을 통해 우리는 《방법서설》(1637)에서부터 《철학의 원리》(1644)의 〈프랑스어 판 서문〉이 출판된 1647년까지 데카르트 철학은 연속성을 지니고 있었다고 볼 수 있다. 비록 알키에가 지적한 것처럼, 《방법서설》 각 부분에서 다루어지는 내용들이 때로는 모순되어[9] 보이기도 하지만 역자는 데카르트 철학체계의 연속성에 주목하고자 한다. 역자는 로렌스 르노가 지적한 것처럼, 《방법서설》의 다양한 주제가 데카르트가 1607-1615년 라 플레쉬(La Flèche)에서 공부한 이후부터 이 저술을 작성할 때(1636년)까지 그의 지적 여정의 중요한 단계들에 상응하는[10] 점을 우선 주목하고자 한다. 또한 역자는 독자들이 데카르트 철학에서 《방법서설》이 차지하는 지위에 대한 이해를 돕고자 이후의 데카르트 철학 체계 안에서 다루어지는 각 저술들과 《방법서설》에서 논의된 주제들의 연관성을 간략하게 여기서 살펴보고자 한다.

우선 《방법서설》의 2부에서 아주 간략하게 설명되는 방법에 대한 논의는 대략 1628년에 쓰인 것으로 알려진 《규칙들 Règles》, 즉 《정신의 지도를 위한 규칙들Règles pour la direction de

---

9   예를 들면, 알키에는 《방법서설》에서 도덕에 관한 데카르트와 스토아철학의 관계가 모순되어 보인다고 지적한다. 데카르트가 스토아철학을 1부에서는 단죄하는 듯이 보이지만 3부에서는 스토아철학의 영향을 받은 논의를 한다는 것이다. 물론 이런 지적에도 불구하고 알키에는 《방법서설》이 이야기라는 점을 강조하며 가도프르(M. Gilbert Gadoffre)의 연대기적 측면에서의 설명을 비판한다. FA., I, pp.550-551.

10   Descartes, *Discours de la méthode*, Présentation par L. Renault, p. 7.

l'esprit》에서 보다 더 자세하게 다루어진다. 이《규칙들》은 데카르트의 사실상 첫 번째 저술이다. 하지만 미완성 저술로 데카르트 자신이 생전에 출판하지 않았다. 따라서 데카르트는《방법서설》에서《규칙들》내용의 반복을 피하려고 방법에 대해 간략하게 논의하고 있다고 볼 수 있다.[11]

3부에서 다루어지는 도덕은 데카르트 철학 체계에서 상당히 논란이 되는 부분이다. 특히 데카르트가 여기서 자신의 도덕을 잠정적 도덕이라 칭했고, 이후 도덕을 다루는 저술을 하지 않았다는 점에서 더욱 그렇다. 사실 이런 이유에서 데카르트가 서양 윤리학사에 이바지한 바가 없다는 애링턴의 주장이 나오는 것이다.[12] 하지만 〈1645년 8월 4일 엘리자베스에게 보낸 편지〉에서《방법서설》의 세 가지 도덕 준칙들이 다시 설명되고 있으며, 데카르트는 〈1645년 9월 15일 엘리자베스에게 보낸 편지〉에서 '의무'에 대해 말하고 있다. 그리고 데카르트가《방법서설》에서 다루는 잠정적 도덕에 대한 논의는 결국 그의 마지막 저술인《정념론Les Passions de l'âme》(1649)[13]에서 완성된다는 것이 현대 데카르트 주석가들의 일반적인 견해다.[14]

11　참조. 이현복, 〈데카르트적 방법과 도덕〉,《방법서설》,《정신지도를 위한 규칙들》, 문예출판사, 1997, 301–338쪽.

12　참조. 로버트 L. 애링턴,《서양 윤리학사》, 김성호 옮김, 서광사, 2004.

13　데카르트,《정념론》, 김선영 옮김, 문예출판사, 2013.

14　최근 데카르트 철학에서 도덕에 대한 논의가 상당히 활발하게 이루어지고 있다. 참조. 이재환,《데카르트의 윤리학 연구 –덕과 정념을 중심으로–》, 서울대학교 철학박사학위논문, 2017. 2.

4부에서 형이상학에 관한 논의 역시 매우 간략하게 다루어지는데 그 이유를 우리는 〈1637(?)년 2월 27일 메르센에게 보낸 편지〉[15]를 통해서 이해할 수 있다. 데카르트는 메르센에게 자신이 이미 약 8년 전(1629년)에 라틴어로 형이상학을 쓰기 시작했음을 밝히고 있다.[16] 하지만 이 저술은 현재 전해져 오지 않는다. 그리고 〈1638년 2월 22일 바띠에(Vatier)에게 보낸 편지〉[17]에서 역시 형이상학과 관련하여 자신이 신의 존재에 대해 이 방법론(ce traité de la Méthode)[18]에서 가장 중요한 부분임에도 너무 불명료하게 쓰고 있음을 고백한다. 그리고 잘 알려져 있듯이 데카르트의 형이상학은《성찰》(1641)과 이에 대한《반박들》(1641-1642)에서 자세히 드러난다.

5부에서 역시 간략하게 제시되는 자연학에 관한 논의는 1633년에 갈릴레이의 단죄로 인해 데카르트가 출판을 포기했던《세계 또는 빛에 관한 개론Le Monde, ou Traité de la Lumière》에서 자세하게 다루어진다. 이 저술은 데카르트 사후 1664년에 출판되는데 데카르트는《세계론》에서 굴절광학을 이미 끝낸 저술로 언급하고 있다. 철학 교재를 목적으로 서술된《철학의 원리Les Principes de la philosophie》(1644)에서 역시 자연학과 관련된 논의가 주로 이루어진다. 의학과 관련해서는《세계론》과 짝을

---

15 AT I, 349. (AT에서는 1637년 3월)

16 FA., I, p.522.

17 FA., II, pp.25-26.

18 이 편지에서는 데카르트는《방법서설》을《방법론》이라고 칭하고 있다.

이루는 저술인 《인간론Traité de l'Homme》(1632-1633 집필, 1648 탈고, 1664 출간)과 《인간 몸에 대한 묘사La Description du corps humain》(1647~1648) 그리고 그의 마지막 저술인 《정념론Les Passions de l'âme》(1649)에서 자세히 다루어진다.

3. 《방법서설》과 데카르트의 주체 문제

그렇다면 현재 여기서 살고 있는 우리는 《방법서설》에서 무엇을 읽을 수 있을까? "나는 그러므로 《방법서설》에서 무엇을 읽는가? 나의 시각을 사로잡는 것, 자신의 삶과 자신의 연구 상황들에 대한 매력적인 서술에서부터, 그것은 철학의 이 전주 속에서 자신의 현전이다. 만일 사람들이 원한다면, 그것은 그런 종류의 작품 속에서 *나*와 *자아*의 사용과 인간적인 목소리의 소리이다. 그리고 그것이 바로 아마 스콜라적인 건축에 가장 선명하게 반대된다. *나*(Je)와 *자아*(Moi)는 우리 앞에서 온전한 보편성에 대한 생각의 방식들을 들어오게 한다. 자, 이것이 나의 데카르트다."[19] 바로 로디-레위스가 《방법서설》의 문고판 편집본의 서론에서 인용한 폴 발레리의 말이다. 실제로 우리는 《방법서설》에서 데카르트 자신에 대한 이야기를 통해 데카르트의 자기 인식, 그의 관심 연구 영역, 그의 도덕성, 그리고 연구자로서 자신이 꿈꾸는 삶의 형태 등을 이해할 수 있다.

---

19   G. Rodis-Lewis, p.7. (*Discours d'ouverture du Congrès Descartes,* Paris, 1937.)

그런데, 역자의 눈에는 이런 서술들에서 드러나는 데카르트의 모습과 데카르트가 생각하는 주체에 대한 견해는 크게 다르지 않아 보인다.

《방법서설》의 4부에서 데카르트는 "*나는 생각한다, 그러므로 나는 존재한다(je pense, donc je suis)*"를 통해 '나'를 '모든 본질 혹은 본성이 생각이기만 한 실체'[20]로 본다. 그리고 《성찰》의 〈제2 성찰〉에서 데카르트는 '나'를 생각으로 정의하는 정신과 동일시한다. 그런데 데카르트의 이런 주장은 주체 문제의 시작점으로 일반적으로 간주된다. 특히 하이데거는 근대 형이상학의 역사를 '주체성'으로 해석하며, "데카르트와 더불어 인간은 스스로 주체로 이해하게 되었고 인간을 주체로 해석한 것은 인간과 존재의 관계를 보는 눈을 근본적으로 바꾸어놓았다"고 주장한다. 인간의 지위를 모든 것들의 토대가 되는 것으로 보게 되었다는 것이다.[21]

이런 주체에 대한 논의는 현대철학자들의 비판 대상이 되었다. 현대철학자들은 주체로서 인간을 생각하는 것은 역사적, 철학적 문제들을 야기한다고 비판한다. 불누와(Olivier Boulnois)가 주목한 것처럼, 현대적 주체 개념은 "역사적으로 고갈되고, 분석 철학에 의해 비판된 문제를 야기하는 것으로 밝

---

20 Jean-Luc Marion, *Questions cartésiennes II*, sur l'ego et sur Dieu, Paris, PUF, 1996, Livre I, III Substance et subsistance, pp.85-115. 참조.

21 Alain Renaut, «Les subjectivités» in E. Guibert-Sledzieaski et J.-L. Veillard-Baron, *Penser le sujet aujourd'hui*, Paris, Méridiens Klincksieck, 1988. p.57.

혀졌다."[22]고 할 수 있다. 그리고 잘 알려진 것처럼 푸코(Michel Foucault)는 '주체의 죽음', '인간의 죽음'을 주장하고, 현대 안티-휴머니스트로 여겨지는 알튀세(Althusser), 라캉(Lacan), 레비-스트로스(Lévi-Strauss) 등은 주체를 '인격'으로 여기는 것이 아니라 단지 '역사적, 사회-경제적, 언어적 혹은 정신분석학에서 말하는 충동적인 힘들의 행렬들'의 교차 장소로서 여긴다.[23]

하지만 그럼에도 불구하고 이들 현대 철학자들에게서 근대철학자들 가운데 가장 비판의 대상이 되는 데카르트의 주체에 대한 이해는 현대를 사는 우리에게 여전히 중요하다고 할 수 있다. 왜냐하면 데카르트 철학은 '한 개인이 어떻게 자율적이고 독립적 존재일 수 있는가'에 대한 논의를 허락하기 때문이다. 물론 마리옹(J.-L. Marion)이 확언하듯이, "데카르트는 에고(l'ego)를 주체의 칭호로 결코 부른 적이 없다."[24] 그러나 데카르트에게서 실체 개념은 그 의미가 더 이상 스콜라철학자들이 사용하는 의미가 아니라는 사실에서부터 비록 데카르트 자신이 용어를 사용하지 않았음에도 자아를 주체와 동일시했다고

22   Olivier Boulnois, «Introduction, qu'est-ce que nous cherchons», in *Généalogies du sujet*, Paris, J. Vrin, 2007, p.7.

23   Jean Brun, «La mort du sujet et Auschwitz», in *Penser le sujet aujourd'hui*, op., cit. pp.79-88.

24   Jean-Luc Marion, *Question cartésienne II, Sur l'ego et sur Dieu*, Paris, PUF, 1996, p.IX.

할 수 있다.[25] 하이데거가 지적하듯이 "데카르트는 무엇보다도 먼저 개별적 사람의 나로서 '나'를 생각했고 반면에 칸트는 실제로 말하면 '일반적 의식'을 생각한다."[26]

독자들의 데카르트 철학에 대한 이해를 돕고자 데카르트 철학에서 '나'는 어떤 존재인지를 여기서 간략하게 살펴보기로 한다. 이를 통해 독자들은 데카르트가 제시하는 주체가 보편적이고, 신체가 배제된 순수 정신적 존재가 아니라 몸과 영혼을 지닌 매우 구체적인 존재라는 점을 알게 될 것이다.

---

25   데카르트의 실체 개념은 〈기하학적 방식에 따라 영혼과 신체의 구분을 증명하는 논증〉에서 다음과 같이 분명하게 정의된다. 5) "실체란 우리가 지각하는 것들, 즉 고유한 성질 혹은 속성이 직접 내재해 있는 주체로서 그것들은 실체에 의해 존재할 수 있다. 실체에 대한 실체적 관념은 우리 안에 있다. 우리가 가지고 있는 실체관념은 엄밀한 의미에서 오직 다음뿐이다. 즉, 실체란 우리가 지각하는 것 혹은 우리의 관념 속에 존재하는 그런 것이다. 자연의 빛은 무란 어떠한 실체적 속성도 가질 수 없다는 것을 알려준다." 간단하게 말하자면 실체는 존재하기 위해 다른 존재를 필요로 하지 않는 것이다. 이러한 정의에 이어서 6)에서 데카르트는 "생각이 직접 내재해 있는 실체는 정신이라 불린다."라고 말한다. 그리고 7)에서 "장소적 연장과 모양과 위치와 장소운동 등과 같이 연장을 전제로 하는 우연한 성질들의 직접적인 주체는 '물체'라고 불린다."라며 물체, 신체 corpus에 대해 정의한다. 또 다른 실체는 신이다. 8) "최고로 완전하다고 우리가 알고 있고 또 우리가 결코 그 안에는 어떠한 결함도 그리고 완전성의 제한도 들어 있지 않다고 생각하는 실체는 신 Deus이라 불린다."라고 밝힌다.《성찰에 대한 학자들의 반론과 데카르트의 답변》, 원석영 옮김, 나남, 2012, 110-111쪽.

26   Martin Heidegger, «Dépassement de la métaphysique», in *Essais et conférences*, trad. fr. Paris, Gallimard, 1958, p.99.

1) 의식과 반성의식의 주체로서 '나'

데카르트는《철학의 원리》, 1부 9항에서 '생각'을 다음과 같이 명확하게 정의하고 있다.

나는 생각하다(penser)라는 단어를 우리 안에서 일어나는 모든 것으로, 그 결과로 우리가 우리 자신에 의해 직접적으로 알아차리는 것으로 이해한다. 이러한 이유에서, 이해하다, 원하다, 상상하다, 그뿐만 아니라, 감각하다 역시 여기에서는 생각하다는 것과 같다. 왜냐하면 내가 '나는 본다. 또는 나는 걷는다는 것을 말하며, 거기에서 나는 존재한다를 추론하고, 내가 나의 눈 혹은 나의 다리를 가지고 행하는 행위에 대해 말하는 것을 듣는다면, 이 결론은 아주 확실한 것은 아니다. 나는 어떤 의심할 것을 갖는다. 왜냐하면 나는 본다거나 걷는다는 생각을 할 수 있다. 내가 전혀 눈을 뜨지 않고 있고 내 자리에서 움직이지 않았음에도 불구하고. 왜냐하면 잠자면서 때때로 내게 일어나고, 아마도 같은 일이 내가 몸을 가지고 있지 않은 경우에 일어날 수 있기 때문이다. 단지 나의 생각 혹은 감정, 다시 말하면 나는 본다 혹은 나는 걷는다처럼 여기게 하는 내 안에 있는 인식 행위에 대해 단지 이해하는 대신에, 내가 의심할 것이 아무것도 없다는 같은 결론은 절대적으로 참이다. 왜냐하면 이 결론은 느끼는 혹은 생각하기의 능력을 유일하게 지니고 있는 영혼에 결부되기 때문이다.[27]

---

27 이 정의 외에도 또한 '기하학적 방식에 따라 영혼과 신체의 구분을 증명하는 논증'의 정의들에 대한 논의에서 이 '생각'을 다음과 같이 정의하고 있다. "생각이라는 말로써 나는 우리 안에서 우리가 직접 의식하는 모든 것을

이 정의에서 우리는 데카르트가 제시하는 생각하는 작용에는 이해하는, 원하는, 상상하는, 그리고 감각하는 작용들 모두가 포함된다는 점을 좀 더 주목할 필요가 있다. 여기서 이해하는 작용과 관련되는 인간의 능력은 지성, 원하는 작용은 의지, 상상하는 작용은 상상 그리고 감각하는 작용은 감정(정념)이다. 이러한 데카르트의 정의에 의해서 영혼의 본성과 동일시되는 '생각하다'는 현대 데카르트 주석가들에게 '의식'으로 받아들여진다. 따라서 우리는 데카르트철학에서 지금까지 문제시되고 있던 코기토Cogito를 인격적 존재로 간주할 수 있는지 아니면 비인격적 존재로 간주할 수 있는지에 대한 문제를 의식의 장으로 넘길 수 있다.

다른 한편, 현대철학자들이나 정신분석학자들은 코기토Cogito를 자아인식의 투명성을 지니는 '반성의식'의 주체로 간주한다.[28] 이러한 이해는 주로 《성찰》 중 〈제3성찰〉[29]과 《성찰에 대한 반론들의 답변》 가운데 〈네 번째 반박에 대한 답변〉[30]

의미한다. 따라서 의지나 지성이나 상상력이나 감각의 활동 모두가 생각이다. 그런데 내가 직접이라는 말을 덧붙인 이유는 그것들로부터 귀결되는 것들을 제외하기 위해서이다. 예를 들자면, 자발적 운동 그 자체가, 생각이 그 기원이긴 하지만, 생각은 아니다." (위의 책, 109쪽.)

28 참조. 슬라보예 지젝 엮음, 라깡 정신분석연구회 옮김, 《코기토와 무의식》, 인간사랑, 2012.

29 AT VII, 49.

30 AT IX, 190; AT VII, 247. "우리가 생각하는 것인 한, 우리 안에 우리가 의식하지 못하는 것이 있을 수 없음"은 자명해 보인다. 왜냐하면 우리는 그렇게 고찰되는 정신 속에 생각이 아닌 것 혹은 생각에 의존하지 않는 것은 아무

을 근거로 한다. 그렇다면 데카르트의 자아가 의식의 주체인지 아니면 반성의식의 주체인지를 명확히 할 필요가 있어 보인다. 사실 데카르트의 주체는 의식과 반성의식을 지니는 좀 더 정확하게 말하자면 의식에서 반성의식으로 나아갈 수 있는 존재로 제시된다고 할 수 있다.

'생각하다'의 정의 안에 감각하는 작용과 이해하는 작용의 구분[31]이 바로 데카르트가 〈1648년 7월 29일 아르노에게 보낸 편지〉에서 구분하는 두 종류, 직접 눈으로 보는 것(감각)과 반성의식에 해당한다. 직접 눈으로 보는 것은 바로 대상을 의식하는 또는 지각하는 것이다. 그리고 이에 대한 반성의식은 바로 지각의 지각, 또는 의식의 의식인 것이다. 데카르트는 감각(감정)과 지성이 아주 긴밀하게 연결되어 있고 서로 구분되지 않는 것처럼 보일 수 있다는 점을 지적하는데, 이 두 능력이 동일한 주체 안에서 작용한다는 점을 우리는 주목할 필요가 있다.

결국 데카르트에 의하면 주체로서 우리 각자는 자신의 능력에 의해 감각(지각)작용에 의한 의식에 머물러 있을 수도 있

것도 존재하지 않는다는 것을 알기 때문이다. (……) 이 때문에 나는 정신이 태아의 몸에 주입된 즉시 생각하기 시작한다는 것을, 그리고 동시에 자신의 생각을 의식한다는 것을 의심하지 않는다. 비록 그런 종류의 생각은 기억에 깊이 새겨지지 않기 때문에 나중에 그것을 기억하지 못하더라도 말이다." 앞의 책, 218쪽.

31 데카르트에서의 감각작용과 지성작용에 대한 논의는 《서양근대미학》, 김선영, 〈데까르트의 미학〉, 60-65쪽. 참조.

고, 감각(지각)작용을 넘어 지성에 의한 반성의식을 지닐 수도 있다는 것이다. 특히 반성의식은 자아의식을 가정하며 감각이 아니라 바로 지성에 의한다고 데카르트는 강조한다. 이 지성의 능력에 의해 우리 각자는 "나는 생각한다, 그러므로 나는 존재한다"는 것을 인식 또는 의식할 수 있는 것이다. 데카르트는 "나는 생각한다, 그러므로 나는 존재한다"가 연역도 아니고, 가르침에 의한 지식, 인식도 아니고, 지성에 의한 지적 직관에 의한 인식이라는 점을 강조한다.

2) 무의식의 주체로서 '나': '기억'을 중심으로[32]

주체가 의식과 반성의식을 지닌 존재라면 이것들과 분리될 수 없는 무의식의 자리가 데카르트 철학에서 가능한지가 문제로 남겨진다. 사실《방법서설》속의 '나'는 방법에 대해 이야기하는 존재라는 한에서 무의식의 자리를 드러내고 있지는 않다. 그러나《방법서설》의 4부에서 데카르트는 인간은 영혼과 몸의 결합체라고 제시하고 있는데, 몸을 지니고 감정을 지닌 매우 구체적인 인간이라면 어떤 방식으로든 무의식의 가능성을 생각해 볼 수 있다.

사실 데카르트 철학에서 무의식의 문제는 데카르트주의자들과 비데카르트주의 철학자들 혹은 정신분석학자들 사이에

---

32   역자가 발표했던 〈데카르트에서 무의식-몸과 기억을 중심으로-〉 (철학논집, 2014, 11)의 일부를 수정한 것이다.

서 서로 다르게 받아들여지고 있다. 발(J. Wahl)은 데카르트에게 서 무의식은 없다고 주장한다.[33] 그리고 라캉은 프로이트에게 서 주체가 거처하는 곳으로 무의식이 처음으로 제시되며, 데 카르트는 주체가 '이전의 모든 지식을 폐기한 확실성의 주체' 라는 것밖에 알지 못했지만 "프로이트 덕분에 우리는 무의식 의 주체가 자신을 드러낸다는 사실을, 그가 확실성을 얻기 이 전부터 사유한다는 것을 알고 있다"고 주장한다.[34] 사실 코기 토를 반성의식으로 해석하는 경우, 데카르트가 어떤 방식으로 든 무의식에 대한 생각을 지니고 있었다고 보기 어려워 보인 다.

하지만 많은 현대 데카르트 주석가들은 데카르트 철학에 서 무의식의 가능성을 본다. 그 가운데 라포르트(Laporte)는 데 카르트 철학에서 무의식은 존재하지 않는다고 주장하는 이 들에 반대하며 그의 《데카르트의 이성주의Le rationalisme de Descartes》에서 "본성이 의식에 의해 정의되고, 존재하기를 중 단하지 않고는 생각하기를 중단할 수 없는 영혼 안에서 어떻 게 무의식을 받아들일까?"[35]라는 질문을 던진다. 그는 이 질문 에 영혼이 몸과 결합된 사실에서 "영혼은 의식되지 않는 것들 을 소유한다."고 답한다. 그리고 데카르트가 "나는 영혼이 몸

33 J. Wahl, *Du role de l'idee d'instant dans la philosophie de Descartes*, Paris, Alcan, 1920, p.6.

34 라캉, 맹정현/이수련 옮김,《세미나, 정신분석의 네 가지 근본 개념》, 새 물결, 2008, 63쪽.

35 J. Laporte, *Le rationalisme de Descartes*, Paris, PUF., 4éd., 2000, p.192.

을 움직이게 하는 힘을 가지고 있다는 것을 의식한다."고 주장하는 점을 주목한다.[36] 그는 사람들이 무엇이라고 말하든 무의식이 데카르트의 심리철학에서 자리하고 있다고 주장한다.[37] 레위스(Lewis)는 이러한 주장에서 더 나아가 그의 《무의식의 문제와 데카르트주의Le probleme de l'inconscient et le cartesianisme》에서 데카르트 철학에서는 무의식의 가정 자체가 불필요하다고 주장한다.[38] 왜냐하면 무의식은 의식과의 관계하에서만 의미를 지니기 때문이다. 위의 저서 서론에서 그녀가 강조했듯이 의식과 무의식은 분리 불가능하다. 게다가 역자의 눈에는 현대 데카르트 주석가들에 의한 데카르트 철학에 대한 이해의 확장으로 데카르트 철학에서의 무의식에 대한 논의는 더욱 정당화

---

36 〈1648년 7월 29일 아르노에게 보낸 편지〉에서 영혼은 자신이 몸과 결합되어 있음을 의식한다는 것이 제시된다. AT V, 222.

37 일반적으로 데카르트 철학에서부터 '인간 마음의 작용'에 대한 철학적 탐구가 인식론이라는 맥락 속에서 발생했으며, 특별히 데카르트의 《정념론》에서 다루어지는 영혼과 신체의 상호작용에 대한 설명은 심리철학에 한 획을 긋는 것으로 받아들여진다. 그리고 이러한 자리매김 아래서 데카르트 철학에서 "마음은 무엇이며 마음은 신체와 어떻게 혹은 어떤 방식으로 관계 맺는가?"라는 질문에 대한 답으로 통상 다음과 같은 것이 주어진다. 데카르트에게서 영혼, 마음 그리고 정신은 구분되지 않고 영혼이 곧 마음이고, 정신이며 정신이 신체와 서로 작용을 주고받는데, 이 작용은 동물 정기에 의해 특별히 뇌의 한 가운데 걸쳐져 있는 송과선에서 이루어진다. 그리고 이 송과선의 제시는 데카르트의 오류이다. 따라서 데카르트가 제시하는 영혼, 정신과 신체의 상호 작용은 비공간적이며 비물질적인 것이 공간적이며 물질적인 것과 상호작용할 수 있는가에 대한 답이 되지 못한다.

38 G., Lewis, *Le probleme de l'inconscient et le cartesianisme*, Paris, PUF, 2éd. 1985.

될 수 있어 보인다.

특히 라캉은 의식과 무의식의 장소로서 주체를 강조하며, 프로이트의 무의식은 데카르트적 주체의 출현 이후에나 가능했던 것으로 간주하며 데카르트의 코기토cogito에 커다란 의미를 부여한다. 하지만 라캉은 철학의 영역에서 무의식에 대한 설명은 한계가 있으며, 정신분석을 통해서 이런 한계를 넘어설 수 있다고 주장한다. 자세히 말하면, 라캉은 주체 문제와 관련하여 정신분석의 목적을 다음과 같이 분명히 제시한다. "정신분석은, 역사적으로 주체 개념이 정교화됨에 따라 규정된 어떤 특별한 목적에 의거해 작동합니다. 정신분석은 주체를 시니피앙에 의존하고 있는 것으로 환원시킴으로써 새로운 방식의 주체 개념을 제시하지요."[39] 여기서 우리는 데카르트 주체에 대한 라캉의 이해와 현대 데카르트 주석가들이 이해하는 데카르트 주체 사이에 간격이 있다는 사실을 주목할 필요가 있다. 사실 데카르트 주체에 대한 라캉의 이해는 형이상학적인 측면으로 한정된다고 할 수 있다.[40] 인간학적인 측면에서 데카르트에게 주체로서의 인간은 영혼과 몸의 결합체로서 자율적이고 독립적인 존재이다. 그뿐만 아니라 라캉도 언급했듯이 프로이트 이전의 무의식은 일반적으로 몸과 관련되는 것으

---

39 라캉, 앞의 책, 122쪽

40 데카르트의《성찰》은 그의 형이상학을 다루는 저서이다. 데카르트 자신이 '나의 형이상학'이라 지칭한다.

로 받아들여졌으며,[41] 그 가운데 라이프니츠는 무의식을 약화된 의식, 즉 '미세한 지각들'로 파악한다. 이것은 주체가 그에게 작용하는 모든 것들을 완전하게 의식하지는 않는다는 점을 인정하는 것이다.

데카르트 철학에서 무의식의 문제는 특별히 기억의 문제와 관련하여 생각해 볼 수 있다. 사실 한 개인을 기억의 '장소'로 간주하고, 기억과 관련하여 자아동일성을 논의하는 전통은 근대 철학자들에 의해 시작되었으며,[42] 인간에 대한 이러한 새로운 이해의 지평을 연 선구자로 통상 로크를 꼽는다. 하지만 데카르트가 로크보다 기억과 관련된 자아정체성의 문제에 훨씬 더 기여했다고 할 수 있다.[43] 왜냐하면 로크는 기억 작용에 주로 관심을 가졌던[44] 반면에 데카르트는 기억이 무엇인지를 이해하기 위해 다름 아닌 몸을 탐구하는 것으로 논의를 시작하기 때문이다. 이것은 바로 인간 내부를 기억이 내재하는 곳으로, 그리고 인간을 기억의 주체로 파악하는 것이다.

---

41   Cf., A., Lalande, *Vocabulaire technique et critique de la philosophie*, Paris, PUF., 2002. pp.489-490.

42   아우구스티누스에게 기억이 자아정체성과 관련하여 논의된다고 할 수 있겠지만 그에게는 신에 의해 보증되는 것이 기억이다.《고백록》, 10장 참조. 그리고 토마스 아퀴나스에게 기억은 상상력과 더불어 내적 감각으로 간주된다.

43   데카르트는 기억이란 무엇인가에 대한 저술을 하지는 않았다. 하지만, 《정신 지도를 위한 규칙들》,《인간론》,《성찰》,《뷔르만과의 대담》, 그리고 여러 《편지들》에서 기억에 대해 다룬다.

44   참조, 로크,《인간지성론》.

실제로 《방법서설》의 5부에서 데카르트는 인간의 신체 내부 어느 곳에서부터 기억 능력이 생겨나는지에 관심을 갖는다. 더 나아가 《인간론》에서 그는 관념들의 흔적들이 인쇄되는 장소로서 기억의 자리를 뇌의 안쪽 부분으로 제시하는데, 이것은 동물 해부 실험의 결과물이다. 이에 따르면, 기억은 주체가 접하는 대상의 모습 흔적을 그리는 것으로서 동물 정기들의 흐름에 의해 이미 열린 적이 있어서 다시 열리게 남겨진 뇌의 기공들의 열림이 용이해지는 것이다.[45] 또한 〈1640년 1월 29일 메소니에Meysonnier에게 보낸 편지〉에서 기억 안에 보존되는 종류들에 대해 데카르트는 종이가 한 번 접히고 난 후에 종이에 보존되는 '주름'에 비유한다. 이 편지에서 기억은 몸의 모든 부분에 펼쳐져 있는 것으로 간주되는데 그 예로 루트 연주자가 제시된다. 연주자의 뇌뿐만이 아니라 손가락 역시 음에 대해 기억하고 있다는 것이다. 이것은 몸을 기억의 주체로 간주하는 것이며 이렇게 몸의 기억을 받아들임으로써 데카르트는 암묵적으로 몸의 기억을 습관과 동일시하고 있다.[46]

그런데 〈1640년 4월 1일 메르센에게 보낸 편지〉에서 데카르트는 우리 외부에 존재하는 국지적 기억에 반대하며 오직 영혼에만 의존하는 정신적인 기억을 인정한다. 이 정신적 기

---

45 Louis de la Forge, *Remarque sur le Traité de l'homme*, Paris, Fayard, 1999, p. 296.

46 AT III, 20.

억[47]은 몇 달 후인 〈1640년 8월 6일 메르센에게 보낸 편지〉에서 다음과 같이 강조된다. 즉, "우리의 지성 안에 또 다른 종류의 기억(몸의 기관들에 전혀 의존하지 않는 그리고) 완전히 정신적이고, 동물들에게서는 찾지 못하는" 기억이 있는데 특별히 우리는 이 기억을 사용한다.[48] 하지만 데카르트는 이 정신적 기억이 무엇인지에 대해서는 논의하지 않는다. 단지 우리가 어떤 알파벳으로 구성된 단어의 의미를 기억에 위탁하고 이 단어에 의미를 부여하며 사용하는 것은 바로 정신적 기억이 있기 때문이라는 것으로 제시할 뿐이다.[49] 이것은 영혼을 기억의 주체로 파악하는 것이다.

이렇듯이 두 종류의 기억, 몸의 기억과 영혼의 기억을 제시하는 데카르트의 시도는 영혼과 몸을 구분하는 그의 이원론을 강화하는 것으로 보인다.[50] 하지만 우리는 데카르트의 몸의 기억에 대해 좀 더 구체적으로 살펴볼 필요가 있다. 왜냐하면 데카르트에게서는 실체인 한에서 몸 자체가 주체일 수 있으며 몸에 대한 논의는 영혼과의 결합을 항상 동반하기 때문이다.

데카르트는 〈1648(?)년 6월 4일(혹은 7월 16일) 아르노에

---

47 AT III, 48.

48 AT III, 143. 〈1642년 10월 13일 호이겐스(Huygens(1629-95):네덜란드의 수학자·물리학자·천문학자)에게 보낸 편지〉에서도 역시 정신적 기억에 대해 다룬다.

49 AT V, 150.

50 〈1644년 5월 2일 메스랑 신부〉에게 보낸 편지에서는 두 종류의 기억, 즉 신체적 기억과 정신적 기억은 비교된다.

게 보낸 편지〉에서 우리 안에 두 종류의 기억이 있음을 언급하는데, 이를 통하여 영혼과 몸의 결합체인 인간의 기억에 대해 살펴볼 수 있다. 데카르트에게는 태아도 생각하는 존재인데 이때 생각은 정념, 감정을 지니는 것이다. 데카르트는 이 편지에서 어린 아이는 순수 개념들을 결코 지니지 못하고 단지 애매한 감정들을 지닌다고 말한다. 그런데 이 애매한 감정들은 지각했었다는 한에서 뇌에 흔적들을 남긴다.[51] 그런데 이 흔적들은 그 사람의 뇌에 평생 남아있을지라도, 어른인 우리에게 생기는 감정들이 우리가 어머니의 배 속에서 가졌던 감정들과 유사하다는 것을 인식하게 하는 데는 충분하지 않다. 왜냐하면 그것은 지성의 어떤 반성 혹은 사람들이 어머니의 배 속에 있을 때 사용하지 않는 지적인 기억에 달린 것이기 때문이다.[52]

그런데 데카르트는 〈1641년 여름 ***에게 쓴 편지〉에서 회상, 기억에는 두 가지 방법이 있으며 정신과 몸이 함께 기능하든지, 아니면 정신이 혼자 작용하는 것이라고 밝히고 있다. 그러면서 회상하기를 위한 정신 혼자의 작용은 정신에 의한 **뇌 안에 있는 흔적에 대한 움직임**[53]으로 가정한다.[54] 르페브르(R. Lefevre)는 데카르트의 두 기억의 구분을 살아있는 인간이 몸과

---

51 Cf., *La Dioptrique*, AT VI, 81-147.

52 FA., III, pp.854-855.

53 필자 강조.

54 AT III, 425.

영혼을 동시에 소유하고 있는 두 측면과 관련하여 분석한다.[55] 그에 따르면 신체적 기억에서 오는 회상들은 "몸에 의해 불러 일으켜 질지라도, 어떤 정신적인 것을 포함하고, 코기토(Cogito) 의 칭호를 확인하는 관념들이다." 반대로 정신적 기억은 "그의 관념들을 재편성하면서 순수 사유를 드러내고 몸에서 분리된 영혼에 부여될 수 있다. 신체적인 것은 그것이 자발적일 때도 몸의 작용과 지성의 정념을 포함한다. 반면에 정신적인 기억 은 몸의 작용을 포함하지 않으나 의지의 작용 아래서 지성의 정념을 포함한다."[56]

결국 이러한 의미에서 보면 인간에게 기억은 영혼과 몸의 결합인 한에서 몸의 기억이고, 인간의 정체성을 결정한다고 할 수 있다. 성 아우구스티누스와는 달리 데카르트에게서 정 신은 회상하기를 할 때조차도 몸과의 관계를 유지한다. 데카 르트는 사물의 회상에 재인식이 필요하다[57]는 것과 사물의 회 상을 위해 정신이 뇌에 남겨진 흔적들에 방향을 기울이는 것 이 필요하다는 것을 《답변들》 중 〈제5 반론〉[58]에서 명확히 밝 힌다.

그런데 여기서 우리는, 데카르트가 "영혼이 몸과 결합되어 있는 동안에는, 영혼은 어떠한 방식으로든 감각이 영혼에 만

---

55   Roger Lefevre, *La structure du cartesianisme,* Paris, PUF, 1978, p.46.

56   Idem.

57   AT V, 219-220.

58   AT VII, 356.

드는 인상들에서 자신의 생각을 벗어날 수 없다."[59]고 주장하는 것과 생각은 항상 우리 영혼의 관념을 동반한다고 주장하는 점을 주목할 필요가 있다. 데카르트는 〈1641년 7월 메르센에게 보낸 편지〉에서 우리가 어떤 것을 생각할 때, "동시에 우리가 우리 영혼에 대한 관념을 가지지 않고, 우리는 어떠한 것도 결코 생각하지 않는다는 것은 불가능하다"고 강조한다. 그는 "영혼이 자신이 생각했던 것을 지각했다는 것을 회상하지 못하는 시간에도 생각하고 있었다는 사실을 부인하는 사람에게"[60] 반대한다. 그러나 과거의 의식은 분명하지 않고, 기억은 "불안정하고 연약한 것이어서, 지속적이고 반복적인 생각의 움직임 때문에, 되풀이 하고 강화하는 것이 필요하다."[61] 그렇다면 무엇이 되풀이되고 강화되어야만 하는 것인가? 기억 안에서 사물들의 표상(representation)의 문제다.

성 아우구스티누스는 기억이 문제시 될 때 우리의 정신에 나타나는 것은 사물들 자체가 아니라 그것들의 이미지라며 《고백록Confessions》Ⅶ 장에서 기억의 힘과 범위에 대해 다음과 같이 말한다. "기억 안에 사물들 자신이 들어가는 것이 아니라 단지 정신이 회상하기를 원할 때 정신에 나타나려고 준비된 그것들의 이미지들이 들어간다."[62] 그런데 데카르트는《세계론

---

59 〈1648년 7월 29일 아르노에게 보낸 편지〉, AT V, 212.

60 AT III, 423.

61 AT XI, 3-4.

62 Saint Augustin, *Confessions*, trad. par André Mandouze; Louis De Mondadon,

Le monde》에서 사물들 자체와 사물들이 우리 안에 있는 한에서의 사물들의 관념들을 구분한다.[63] 여기서 관념들은 우리 안에 있는 사물들의 형태로서 정의된다. 이 관념들이 기억의 대상들이다. 그런데 기억 속에 있는 관념들을 이해하는 것은 각자 자신과의 관계를 이해하는 것과 연관된다. 왜냐하면 우리가 어떤 것을 회상하는 것은 데카르트가 언급한 것처럼, 우리 자신을 동반하기 때문이다. 따라서 기억에 있는 관념들은 인간을 자아로 특징짓는 것이라고 할 수 있다. 데카르트에 의하면 우리가 우리의 기억 안에 인상들을 남긴 사물들을 지각할 때, 의식, 즉 코기토가 나타난다.

그리고 우리는 영혼과 몸의 결합체가 주체일 때, 영혼은 반성적 사고하기가 불가능하고 판단 없이 지각만 할 수 있을 뿐이라는 점을 주목할 필요가 있는데, 이 지각이 바로 정념이다. 그런데 데카르트에 의하면 기억과 정념은 분리될 수 없다.[64] 데카르트에게서 기억과 정념의 분리 불가능성은 특히 '경이' 개념에서 잘 나타난다. 영혼과 몸의 상호작용에 의해 생산된 경이는 그 유용성이 "우리가 예전에 알지 못했던 사물들을 우리가 배우고 기억 상태로 간직하는 것이다."[65] 지성 혹은 감각들

Paris, Point, 1982, p.344.

63　AT XI, 408.

64　앞의 책, 27항의 정념의 정의에서 데카르트는 정기의 어떤 운동에 의해 야기되며 유지되고 강화되는 것으로 보인다고 말한다.

65　AT XI, 384.

에 새로운 사물의 단순한 현존만으로 이 사물이 우리의 기억에 간직되기 위하여 충분한 것이 아니고, 우리 안에 이 새로운 사물의 존재를 강화시키기 위하여 정념이 필요하다고 데카르트는 본다. 또한 데카르트에 의하면 "기억에 남겨진 앞선 인상들과 정기들의 일반적인 동요에 의존하는 생각들은 환상들이다. 그것이 꿈에서 오는 것이든, 우리가 깨어있을 때나 영혼이 그 자신에 대해 아무것도 결정하지 않으면서 뇌에서 만나는 인상들을 무감각하게 따를 때이든지."[66]

하지만 의지가 개입하는 경우 이와 같은 방식으로 전개되지 않는다. "영혼이 관념적이지 않고 상상적인 어떤 생각을 결정하기 위하여 의지를 사용할 때, 이 생각은 뇌에 새로운 인상을 만든다. 이것은 영혼 안에서는 정념이나 상상이라고 고유하게 불리는 작용이다."[67] 결국 정념만이 눈앞에 나타나는 새로운 사물들을 기억 상태로 강화할 수 있게 하는 유일한 요소가 아니라 의지의 작용에 의해서도 역시 가능한데[68] 어떤 것을 회상하고 싶어 할 때 작용하는 것도 바로 의지이다.[69] 데카르트는 두 종류의 의지를 구분한다. 하나는 그 작용이 영혼에서 끝

---

66 AT IV, 311.

67 Idem.

68 같은 책, 42항, "영혼이 어떤 것을 회상하고 싶어 할 때 이 의지는 샘이 연달아 여러 측면으로 구부리면서 우리가 회상하기를 원하는 대상인 남긴 흔적이 있는 장소를 만날 때까지 뇌의 다양한 장소로 정기를 밀어내게 한다." 53쪽.

69 같은 책.

나는 것이고 다른 하나는 몸에서 끝나는 것이다. 전자의 예는 "신을 사랑하기를 원할 때 또는 전혀 물질적이지 않은 어떤 대상에 생각을 적용하는 경우"이며 후자는 "우리가 산책을 하려는 의지를 가질 때 이에 이어서 다리가 움직이고 걷는 것"이다.[70] 레위스는 이 산책을 하려는 의지를 순수하게 몸 자체만의 작용이라 보기 어려우며 의지는 복합적 현상이라 할 수 있는데, 이 혼합permixtio이 어떻게 실현되었는지는 중요하지 않은 것으로 파악한다. 그녀는 단지 이것이 영혼의 한 양태로서 의식된다는 점과 생각하는 실체의 모든 작용들은 생각들이고, 모든 생각은 어떤 의식을 동반한다는 점을 강조한다.[71] 또한 이러한 맥락에서 단지 생리적인 메커니즘이 무의식으로 남는데 그 이유는 이것이 다른 차원에서 실행하기 때문[72]이라는 점을 강조한다. 이렇듯 데카르트에게서 인간은 영혼과 몸의 결합체인 한에서 그리고 인간이 기억의 장소인 한에서 의식되지 않은 것들의 소유자인 것이다.

---

70 같은 책, 18항. 34쪽.

71 Op., cit., p.61.

72 Idem.